U0115548

唐詩正韻

〔律詩〕

黃冠人 ❖ 製作

前　言

　　詩是文學精華，傳世名作，金石琅琅，千錘百鍊，賞心悅目，是音樂、藝術、智慧與情愫的結晶，永受世人喜愛。

　　河洛臺語，淵遠流長，文言讀音，一脈相承，四聲八音、平上去入，各韻兼備，是當今十大漢語系統中，音韻最完整、旋律最優美的中原古音，是學習詩歌吟唱、掌握詩韻平仄的捷徑、銓釋經典韻文、曠古名篇的憑藉。

本書及CD特色

・國語誦念

聽優美的國語聲調，學習如何傳達出作者想傳遞的情愫。

・漢語誦念

聽正統的漢語，去追尋最接近詩人的情感表達，並學習字正腔圓的漢語發音。

・平仄練習

詩歌韻文的精髓，盡在平仄巧妙鋪陳。陰平輕高，陽平長慢。本書以直接有效方式，強調平聲，以助學習平仄，掌握聲韻。

・韻腳練習

漢詩之美端賴韻律與詩樂和諧的優雅表現，

本書清楚交待韻腳、解析詩韻，助益極大。

·漢語吟唱

學習用漢語吟誦唐詩，沾染古人學習詩文的古典氣韻，讓吟唱唐詩成為一項極具有詩趣及意境的活動。

·吟唱重點

七絕入門平起平收句「2442」配合韻腳。首句第2字、次句第4字三句第4字、末句第2字平聲關鍵字配合韻腳各加一拍。仄起仄收句「4224」平聲關鍵字配合韻腳，方法相同。律詩重覆其數加韻腳。不合格律者，盡依平仄聲韻原則吟唱。五絕亦然。

■註：為助學習，本書刻意列出平仄雙音或互用文白、正俗、漳泉常聞語音，例如「吾Gou5／Ngou5、五Gou2／Ngou2、北PeK4／pok4、頭Thiu5／thiou5、每Boe2／mui2、笑Siau3／chhiau3、鷗Ou1／Iu1、雞Ke1／Koe1、那Nou5／na2、他

Tho1／tha1、臥Gou7／Ngou7、蓬Pong5
／phong5／hong5、抵Te2／ti2、淚Lui7
／le7、老Lo2／Nou2、吳Gou5／
Ngou5、偶Gou2／Ngou2、鸝Li5／Le5、
江Kong1／kang1、湖Hou5／ou5、雄
Hiong5/iong5、梨Li5／Le5、題Te5／
toe5、雲Un5／hun5、軒Hian1／ian1……
等」

目　　錄

［ 五　律 ］

序　言

　　詩乃頤心天籟，精神靈糧，藝術昇華無比崇
高。傳世佳作，珠璣錦繡，美到極點，聲通神
竅，氣帶芝蘭。吟詠騷章，飄香滿室，怡情毓
秀，養毅歸真。千般寄意，一葉知秋，旨賅言
約，義蓄韻揚，淺深小大，通情達性。以是可致
柔敦厚，逸元修慧，童稚習之，皓首莫廢，故能
興善念，動關心，明物理，察細微，修群德，致
祥和，抒愁怨而激雅懷。

　　古典漢詩，優美絕倫，金玉鏗鏘，無出其
右，唐詩近體，豐盛雄偉，格律完備，平仄嚴
謹，素為啟蒙初學，造句習吟，最佳典範，長作
蘊藉斯文，涵虛遣興，詠誦騷章。宋、元、明、
清，延續正宗，代有才人，各領風騷，另登境
界。

　　雖自元始，北方大都官話漸盛，然賦詩填

詞，棘闈取士，文學主流，仍一遵中原古韻，恭本正傳，吟聲嘹喨。因此，近古詩學絲毫未受京腔干擾而影響發展。

河洛臺語淵遠流長，四聲八音，平仄雅正，旋律優美，聲調豐富，音韻完整，為當今十大漢語之最。一八九五年甲午戰役清廷失利，馬關喪約割棄臺灣，先民反抗鐵蹄高壓，外內失援，忠憤無助，轉而積極推廣漢學，斯文斯土，樹木樹人，五十年異族統治，卻意外保存中原文化，唐宋文言古典音韻，千載華夏詩詞歌賦傲世文采，於茲寶島開花結果，發揚光大，遂成正宗臺灣本土優質文化。

日據期間，東寧詩、文昌盛無比，三臺騷友，南北唱和，擊缽詩會異常頻繁。更為懷柔籠絡，扶桑牧守賦詩酬酢，吟詠邀宴，以從斯文者，亦不乏其人。彼時，各地私塾林立，書聲朗朗，雖至光緒末年廢罷科舉，黃卷古籍，詩詞歌賦響遏行雲。大小詩社遍佈全省，數逾三百，墨客三千，聞名騷人千餘，聲勢烜赫，如此盛況直到抗戰軍興乃至臺灣光復。

　　漢詩吟唱，但分平仄，陰平輕高，陽平長慢，遇仄適度照唸，清楚交待，旋律即在其中。詩詞歌賦如此，散文美讀亦不例外，平仄即音符，抑揚頓挫，高低緩急，變化之間自然成調。漢詩乃單音節結構音樂文學，協韻講求異常嚴格，詩樂和諧舉世無雙。韻目整齊一致，絕非以韻尾丁點語音相近就算和諧為然。自明鄭，有清，以至日據，臺灣詩學澎渤，吟唱獨到，協韻之美，代代薪火，相約成俗，已達盡善境界。這是文化，更是藝術。

　　詩是至高雅樂。既是樂，強調和諧，東西文化相同。詩經、楚辭、古典韻文，大觀齊備，不勝枚舉，以九歌為例，「國殤」首句「操吳戈兮被犀甲，車錯轂兮短兵接」，甲音Kap4，（唐）古狎切，洽入，但為協「短兵接」的接Chiap4（廣）子葉切，葉入，古人讀甲為Kiap4（異）吉協切，協韻細膩如斯，講究至「伊亞押（Iap）」複音入聲。口形變化，按秩閉氣，毫不含糊，美到極點，不以拚湊末端韻目，塞音批（P）出即視滿足。次句「旌蔽日兮敵若雲，矢交墜兮士爭

先」，雲音Un5（唐）王分切、文平，為協「士
爭先」的先Sian1（唐）蘇前切、先平，古人讀
雲為沿，（異）于連切Ian5。精緻若此，美妙無
雙。西洋詩學細分陰陽者，雖幾相近，協韻傳
神，工整華麗，風格飄逸，瀟灑自如，漢詩獨
到。

　　漢朝五言樂府「陌上桑──日出東南隅」，
更是諧音佳例，全篇三十一處協韻，整齊順當，
非常悅耳，如隅Gu5，樓Lu5，敷Hu5，鉤Ku1，
珠Chu1，襦Ju5，鬃Su1，頭Thu5，鋤Tu5，躕
Tu5，姝Chhu1，餘U5，不Hu5，辭Su5，愚
Gu5，夫Hu1，居Ku1，趨Chhu1，殊Su5等。古
人以U（虞）韻通押，節奏輕快，實是動聽，就
連「樓，鉤，頭，不」等平常協Iu（尤）韻的
字，也一律唸成樓音閭Lu5，鉤音拘Ku1，頭音
徒Thu5，不音夫Hu5。以上協韻詳述於康熙字
典，樓、鉤等特殊語音，恐後世不察，還分別作
註。

　　似此孜孜不倦，明載字書，對於協韻的堅
持，口授心傳，兢兢業業猶戒慎乎不敏，欲其無

所遺漏，仍不惜重複交待於典籍，前人用心良苦，適足以助解惑。以張玉書等三十編纂，校閱學問之精且博，名聞天下，任重當時，偶因近世印版手民之誤，未作追蹤考據，即偏執一端，信口雌黃，妄斷典不可用，或謂盡信書不如無書云爾者，肆意放矢，因噎廢食，誠非治學之道，謙慎不為。

漢字之美音義多元，世界之最，同字出現於不同詩章，協韻即不同，以魏晉樂府，嵇康的「秋胡行」為例：「絕智棄學，遊心於玄默，遇過而悔，當不自得，垂釣一壑，所樂一國，被髮行歌，和者四塞，歌以言之，遊心於玄默。」本詩韻腳：默Bek8，得Tek4，壑Hek4，國Kek4，塞Sek4，默Bek8。幽默的默Bek8（集）密北切，職入，但在楚辭「九章——孔靜幽默……離愍而長鞠」，古人為協鞠Kiok4，讀默為Bok8，（異）莫卜切。一壑的壑，Hok4（集）黑各切，藥入，本詩就要協黑Hek4（唐）呼格切，陌入，國家的國Kok4，這裡協韻唸Kek4，四塞的塞音Sek4，（廣）蘇則切，職入，仄聲韻腳，整

齊悅耳，鏗鏘作響，韻目EK（曳歌）清楚交代，絕不草率，任意省略。

六朝五古詩「齋中讀書」，入聲仄韻，金石交鳴，全文如後：「昔余遊京華，未嘗廢丘壑，矧乃歸山川，心跡雙寂寞，虛館絕諍訟，空庭來鳥雀，臥疾豐暇豫，翰墨時閒作，懷抱觀古今，寢食展戲謔，既笑沮溺苦，又哂子雲閣，執戟亦以疲，耕稼豈云樂，萬事難並歡，達生幸可託。」本詩首韻丘壑的壑就唸Hok4，（集）黑各切藥入，寂寞的寞Bok8（廣）慕各切，藥入。鳥雀的雀，音Chhiok4，（唐）即略切，藥入，出氣。閒作的作音Chok4（唐）則洛切藥入。戲謔的謔，音Hiok4，（唐）虛約切，藥入。雲閣的閣Kok4，（唐）古洛切，藥入。云樂的樂音Lok8，（唐）盧各切，藥入。可託的託Thok4，（唐）他各切，藥入。整首詩協入聲十藥韻，仄聲韻腳，甚是動人。

晉五言古詩中，阮籍的「詠懷詩」用上聲仄韻——「天馬出西北，由來從東道，春秋非所託，富貴焉常保，清露被皋蘭，凝霜霑野草，朝

為媚少年，夕暮成醜老，自非王子晉，誰能常美好」。東道的道平常都唸成To7，（彙）地高切去聲。但詩韻正音，用於韻腳必須唸上聲To2，（唐）徒皓切，皓上，裨協保音Po2，（辭）補襖切皓上，草Chho2（唐）采老切，皓上，老Lo2（廣）盧皓切，皓上，好Ho2（唐）呼皓切，皓上，這些都是上聲十九皓韻腳字，強烈清脆，快急順暢。宋朝釋伯皎所作的絕句「靜林寺古松」，雖平仄不工，韻腳相同，可資參考：「古松古松生古道，枝不生葉皮生草，行人不見樹栽時，樹見行人幾回老」，道To2，草Chho2，老Lo2，「扁口ㄜ」，如用注音符號第四聲即是古上聲，「ㄅㄜˋ，ㄘㄜˋ，ㄌㄜˋ」。老子的老，也唸Nou2通常變鼻音都唸「圓口ㄛ」，不傷大雅。

古詩十九首之二，押上聲二十五有韻，全文如后：「青青河畔草，鬱鬱園中柳，盈盈樓上女，皎皎當戶牖，娥娥紅粉妝，纖纖出素手，昔為倡家女，今為蕩子婦，蕩子行不歸，空床難獨守」，韻腳柳Liu2（唐）力九切，牖Iu2（唐）與

九切，手Siu2（唐）書九切，婦Hiu2（唐）房九切，守Siu2（集）始九切，有無的有音Iu2，（唐）云九切，整齊輕快，非常動聽。婦女的婦，俗音唸Hu7，陽去第七聲，平常呼（彙）喜龜（Kul）切，如夫婦、少婦，已成優勢音。陽去聲最早出自建安陳琳、孔璋的「飲馬長城窟——邊城多健少，內舍多寡婦，作書與內舍，便嫁莫留住。」婦音Hu7防父切音附，以協「住」Chu7／Tu7（集）廚遇切遇去。本詩既用上聲二十五有韻就應協Hiu2。讀誦吟唱，美化韻腳，千年傳統，約定成俗，否則磕磴不暢，贅牙佶屈，蹧蹋古人雅音。

漳泉兩系是河洛古韻主流，互有異同，隨社會接觸，生活語音漸多融和。孔夫子、子貢、子女等的「子」唸Chu2（ㄗㄨˋ）已極尋常。但用於韻腳為求諧音仍必須唸Chi2，唐朝李群玉所作的「題就潭西齋」即是一例：「寂寞幽齋暝煙起，滿徑西風落松子，遠公一去兜率宮，唯有門前虎溪水」，這首詩姑不論格律，韻腳節奏甚美，起Khi2（廣）壚里切，子Chi2（唐）即里

切，水Sui2（唐）式軌切，上聲四紙（Chi2）韻。另外，與王維，劉長卿相善的邱為，所作五古「尋西山隱者不遇」，也是用上聲四紙韻，全文：「絕頂一茅茨，直上三十里，扣關無僮僕，窺室惟案几，若非巾柴車，應是釣秋水，差池不相見，黽勉空仰止，草色新雨中，松聲滿窗裏，及茲契幽絕，自足蕩心耳，雖無賓主意，頗得清淨理，興盡方下山，何必待之子？」韻腳：里Li2（廣）良已切，几Ki2（唐）居里切，水Sui2（唐）式軌切，止Chi2（辭）支矣切，裏Li2（集）兩耳切，耳Ji2（唐）而止切，理Li2（唐）良止切，子Chi2（唐）即里切。

　　「魏闕心常在，金門詔不忘。」的田園詩人孟浩然，曾作一首五古，「夏日南亭懷辛大」用上聲二十二養韻──「山光忽西落，池月漸東上，散髮乘夜涼，開軒臥閑敞，荷風送香氣，竹露滴清響，欲取鳴琴彈，恨無知音賞，感此懷故人，中宵勞夢想」，韻腳：上Siong2（唐）時掌切，敞Chhiong2（廣）昌兩切，響Hiong2（唐）許兩切，賞Siong2（廣）書兩切，想Siong2（廣）

悉兩切。相同的，王維的五絕「鹿柴」用的也是上聲二十二養韻——「空山不見人，但聞人語響，返景入深林，復照青苔上」，韻腳是第二句的響Hiong2與第四句的上Siong2。古典詩詞與散文頻見「復」字出現，意指再也、又也，復就必須唸Hiu3，末句是「復上照青苔」的倒裝，漢文「上」細分動詞與形容詞。作意指升也登也之用，動詞就唸Siong2（唐）時掌切。然而，形容詞要唸Siong7，（唐）時亮切，陽去第七聲。這是去聲二十三漾韻，上下的上、下之對也，音義不同。吟唱時「響Hiong2，上Siong2」上聲仄韻，尤須謹慎，不能漫衍拉長。

　　仄聲韻腳，短促雅緻，律穩拍準，別具風味。孟浩然的「宿業師山房待丁大不至——夕陽度西嶺，群壑倏已暝，松月生夜涼，風泉滿清聽，樵人歸盡欲，煙鳥棲初定，之子期宿來，孤琴候蘿徑」。這是用去聲二十五徑韻的五言古詩，韻腳：暝Beng7（集）莫定切。聽Theng3（廣）他定切，定 Teng7（唐）徒徑切，徑Keng3（集）古定切。協韻的原則音韻一致，古人強調

詩樂和諧自有道理，例如「聽」字白話只用平聲Theng1，（唐）他丁切青平，聆也，意同音異。這首詩作者用韻去聲二十五徑，豈可視作無睹照念平聲白話？

　　杜甫的「夢李白（二）──浮雲終日行，遊子久不至，三夜頻夢君，情親見君意，告歸常局促，苦道來不易，江湖多風波，舟楫恐失墜，出門搔白首，苦負平生志，冠蓋滿京華，斯人獨憔悴，孰云網恢恢，將老身反累，千秋萬歲名，寂寞身後事」，用韻去聲四寘。韻腳：至Chi3（唐）脂利切、意I3（唐）於記切、易I7（辭）逸罿切、墜Tui7（唐）直類切、志Chi3（唐）職吏切、悴Chui3（唐）秦醉切、累Lui7（廣）良偽切、事Si7、（集）仕吏切。整首詩押韻瀟灑，節奏穩健，甚是悅耳。憔悴的悴Chui3去聲四寘韻，同頹，憂也。鬱悴的悴Chut4（集）昨律切，入聲四質韻，亦憂也，唯去入兩聲，音韻互異，河洛古語，至今不變。事由，事業的「事」，生活語音唸Su7，幾至漳泉不分。唯詩韻必須協去聲四寘，音Si7（集）仕吏切，傳統雅

樂「百家春——甚麼事」的事，授業老師每必諄諄善誘，叮嚀記取唸「事」為「是」（Si7）即為一例。

韋應物與五言長城劉長卿素載雙璧之譽，甚得後世名家激賞。仿陶擬古，恬淡閑遠，案牘勞形，徒令煩燥，韋蘇州賦「東郊」以明志，全文如下：「吏舍跼終年，出郊曠清曙，楊柳散和風，青山澹我慮，依叢適自憩，緣澗還復去，微雨靄芳原，春鳩鳴何處，樂幽心屢止，遵事跡猶遽。終罷斯結盧，慕陶真可庶」。這首詩用韻去聲六御，韻腳：曙Su7（辭）蜀豫切，慮Lu7（唐）良據切，去Khu3（唐）丘據切，處Chhu3（廣）昌據切，遽Ku3（廣）其據切，庶Su3（唐）商署切，中原正音雖「御」、「遇」、「寓」嚴格分類，差異甚大，為便教習，概以「烏U1」音帶過，欲求漳系語音，可改「烏U1」為「伊I1」。本詩韻腳即唸成——曙Si7，慮Li7，去Khi3，處Chhi3，遽Ki3，庶Si3。

河洛文化，歷史悠久，廣大無邊，原不可管窺，以偏蓋全。但舉例發凡，亦有少數頻聞漳

音，耳熟能詳，似符「烏U1」／「伊I1」原則，如：須Su1／Si1，虛Hu1／Hi1，餘U5／I5，如Ju5／Ji5，辭Su5／Si5，儒Ju5／Ji5，與U2／I2，字Chu7／Chi7，四Su3／Si3，譽U7／I7，雨U2／I2，羽U2／I2、乳Ju2／Ji2。白居易的採薪女——「亂蓬為鬢布為巾，曉踏寒山自負薪，一種錢塘江上女，著紅騎馬是何人」本詩韻腳：巾Kin1（辭）基因切，薪Sin1（唐）息鄰切、人Jin5（唐）如鄰切，用上平十一真韻，如此諧音即甚接近漳語系統。李頎詩「白草原」——白草原頭望京師，黃河流水無已時，秋天曠野行人絕，馬首西來知是誰」，姑不論平仄，僅韻腳師Su1／Si1，就極類似漳音，京師的師Si1（唐）疏夷切，時Si5（唐）市之切，誰Sui5（集）是為切，用上平四支韻。

相較於少數章句契合漳語。詩歌韻文均以正音協韻，無須o/a，u/i刻意對轉。唐朝常建的「塞下曲——玉帛朝回望帝鄉，烏孫歸去不稱王，天涯靜處無征戰，兵氣銷為日月光」，本詩用下平七陽，韻腳：鄉Hiong1（廣）許良切，王

Ong5（廣）雨方切，光Kong1（唐）古黃切。協韻順暢一氣呵成。詩樂和諧，極其美妙。此時，鄉Hiong1如逕改為Hiang1，即與王、光不諧，枉費原作雅意。薛逢的「宮詞」正可補充說明——「十二樓中盡曉妝，望仙臺上望君王，鎖喞金獸連環冷，水滴銅龍晝漏長，雲鬢罷梳還對鏡，羅衣欲換更添香，遙窺正殿簾開處，袍袴宮人掃御床」本詩用韻亦為下平七陽，韻腳：妝Chong1（辭）菹汪切、王Ong5（廣）雨方切、長Tiong5（唐）直良切、香Hiong1（廣）許良切、床Chhong5（辭）岑陽切，依照原韻，協音完美，扣人心弦，但如擅轉o為a，唸「長」成Tiang5、「香」為Hiang1，求協漳腔，則扭曲古人鋪排。

詩仙李白，出凡超聖，家諭戶曉，傳唱千古，所賦「清平調」讀者愛不釋手，競相吟詠，全文如下：「雲想衣裳花想容，春風拂檻露華濃，若非群玉山頭見，會向瑤臺月下逢。一枝穠艷露凝香，雲雨巫山枉斷腸，借問漢宮誰得似，可憐飛燕倚新粧。名花傾國兩相歡，常得君王帶笑看，解識春風無限恨，沈香亭北倚闌干」。本

詩用冬、陽、寒三韻，韻腳為：容Iong5（辭）余龍切，冬平，濃Long5（集）奴冬切，冬平，逢Hong5（辭）符容切，冬平、香Hiong1（廣）許良切，陽平、腸Tiong5（唐）直良切，陽平、粧Chong1（彙）側羊切，陽平、歡Hoan1（唐）呼官切，寒平、看Khan1（唐）苦寒切、寒平、干Kan1（唐）古寒切，寒平。以上首章用上平二冬韻，韻腳容、濃、逢，無法轉唸漳音。次章用下平七陽韻，韻腳香、腸、粧，僅香可唸Hiang1，腸可唸Tiang5。末章用上平十四寒韻，韻腳歡、看、干亦乏點著力。原作協韻工整雅緻，寬廣通押，以中原正音吟讀已臻完美、璞玉渾金則更受珍惜。

　　河洛話受文音詩韻影響至深且鉅，表現於日常會話或地名者甚頻。諸如詩韻逸It8（廣）夷質切，質入，室Sit4（唐）式質切，質入，疾Chit8（唐）秦悉切，質入，瑟Sit4（唐）所櫛切，質入，入聲四質Chit8韻古通入聲十三職Chek4韻。由於族群語態，文風各殊，泉系傳職韻讀逸Ek8、室Sek4、疾Chek8、瑟Sek4。極其

普遍，唯漳系仍用字典正音。

　　臺北近郊「烏來」原地名漢譯，於是有唸「烏」Ou1，圓口ㄛ者（集）汪都切，也有協詩韻上平七虞唸U1者，「污染」的污也如此，本音Ou1（集）汪胡切，圓口ㄛ，詩韻協上平七虞，因此不少人唸U1。

　　「屠蘇」的蘇平常唸Sou1，圓口ㄛ（唐）素姑切，吟詩就協上平七虞韻唸Su1。另外，唐朝張若虛的作品「春江花月夜——皎皎空中孤月輪」的輪，音Lun5（集）龍春切，上平十一真韻協Lin5，就是這音深深影響河洛白話「輪轉」的說法。

　　河洛漢學浩瀚無際。協韻乃是經典韻文，傳統詩詞優美旋律，悅耳節奏，講求詩樂和諧的靈魂。千載詩聲珠圓玉潤，獨步西東，奧妙神化，為音樂文學生命主宰。騷賦詩詞，歷代名文，華麗堂皇、歌遠韻揚，盡在於此。前人辭章以「天涯」的涯為例，袁子才的「落花——江南有客惜年華，三月憑欄日易斜，春在東風原是夢，生非薄命不為花，仙雲影散留香雨，故國臺空剩館

娃。從古傾城好顏色，幾枝零落在天涯」本詩韻腳：華Hoa5（唐）戶花切、麻平，斜Sia5（唐）似嗟切，麻平，花Hoa1（唐）呼瓜切，麻平，娃Oa1（辭）烏瓜切，麻平，涯Ga5（唐）五牙切，麻平。

　　同樣是「天涯」的涯，劉長卿的「長沙過賈誼宅——三年謫宦此棲遲，萬古惟留楚客悲，秋草獨尋人去後，寒林空見日斜時，漢文有道恩猶薄，湘水無情弔豈知，寂寂江山搖落處，憐君何事到天涯」。本詩韻腳：遲Ti5（唐）直尼切，支平，悲Pi1（集）逋眉切，支平，時Si5（唐）市之切，支平，知Ti1（唐）陟离切，支平，涯Gi5（集）魚羈切，支平。三舉「天涯」／「無涯」的涯為例，清人遠堂所作的七絕「雁來紅——涼空如水一行排，烏桕丹楓點綴偕，遠客不歸霜信蚤，西風籬落夢天涯」韻腳：排Pai5（唐）步皆切、佳平，偕Kai1（唐）古諧切，佳平，涯Gai5（辭）宜鞋切，佳平。另一清人笙友的「雪彌勒——白毫光裏認形骸，世界三千法眼揩，始信清涼山有佛，沙門原是冷生涯」韻腳：骸Hai5（唐）

戶皆切，佳平，揩Khai1（唐）苦皆切，佳平，
涯Gai5（辭）宜鞋切、佳平。以上「天涯」的
涯，──袁枚的「落花」用上平六麻韻，協麻
Ba5唸Ga5；劉長卿的「長沙過賈誼宅」用上平
四支韻，協支Chi1唸Gi5；遠堂的「雁來紅」與
笙友的「雪彌勒」用上平九佳韻，協佳Kai1唸
Gai5。詩學傳統若是輝煌，文音詩韻如斯豐富，
少數韻家強欲忽略古人成就而排斥悠久詩歌協韻
文化，居心費解。

　　言語的言Gian5（唐）語軒切，本韻上平十
三元，朱慶餘所作的「宮詞──寂寂花時閉院
門，美人相並立瓊軒，含情欲說宮中事，鸚鵡前
頭不敢言」。韻腳：門Bun5（唐）莫奔切，元
平，軒Hun1（廣）虛言切，元平，言Gun5（唐）
語軒切，元平。清人林錫三賦詩「葉聲──寥落
空山獨閉門，西風蕭颯月黃昏，詩人無限悲秋
意，坐對寒燈悄不言」韻腳：門Bun5（唐）莫
奔切元平。昏Hun1（唐）呼昆初，元平，言
Gun5（辭）宜掀切，元平。以上言協Gun5語分
切。但下列的古詩中，言字韻腳就協Gan5。例

如——「悲與親友別，氣結不能言，贈子以自愛，道遠會見難，人生無幾時，顛沛在其間。念子棄我去，新心有所歡，結志青雲上，何時復來還」本詩韻腳：言Gan5，語安切，難Lan5（廣）那干切，寒平，間Kan（唐）古閑切，刪平，歡Hoan1（唐）呼官切，寒平，還Hoan5（唐）戶關切，刪平。古詩韻寬「言」協Gan5常聞於耳。然而，六朝宋七言樂府，楊惠休的「白苧歌」所協的「言」便是下平一先韻，音Gian5，全文如下——「少年窈窕舞君前，容華艷艷將欲然，為君嬌凝復遷延，流目送笑不敢言，長袖拂面心自煎，願君流光及盛年」本詩韻腳：前Chian5（唐）昨先切，先平，然Jian5（唐）如延Ian5切，先平，延Ian5以然切，先平，言Gian5協語延切，先平，煎Chian1（廣）子仙切、先平，年Lian5（唐）奴顛切，先平。綜觀以上詩句，「言」協上平十三元韻唸Gun5，協上平十四寒／十五刪韻唸Gan5，協下平一先韻就唸Gian5。

　　艱難的艱Kan1（唐）古閑切、刪平。清人龔文齡作品「臺城懷古——蔬果而今食亦艱，金

錢何不贖身還，一篇雀鷇熊蹯賦，哀絕江南庚子山」這首七絕用上平十五刪韻。韻腳：艱Kan1（唐）古閑切、還Hoan5（唐）戶關切，山San1（廣）所閒切、刪平，前輩騷友蔡子昭所賦「歌扇」亦是一例，全文如下——「新篁素絹製來艱。臺上翩翻月一彎，記得迴風停舞後，長門憔悴婕好顏」，本詩用上平十五刪韻，韻腳：艱Kan1（唐）古閑切，彎Oan1（唐）烏關切，顏Gan5（唐）五姦切。又臺北詩翁葉蘊藍所作「卜居」如下——「俸餘盡欲付名山，選取風光事亦艱，何處江湖容我老，可教塵世不相關」韻腳亦用上平十五刪，山San1（廣）所閒切，艱Kan1（唐）古閑切，關Koan1（唐）古還切。但同樣是「艱」東漢班彪的作品「北征賦」——嗟西伯於羑里兮，傷明夷之逢艱、演九六之變化、永幽隘以歷年」，韻腳：艱Kian1、年Lian5。古人為協「年」（唐）奴顛切、讀「艱」為Kian1，經先切音堅，如此灑脫協韻。幾千年持之以故，代代相傳，載於典籍，難以計數，崇高文化，詩學昌盛若此，協韻藝術出神入化、詩樂和諧登峰

造極，慶幸猶恐未及，何為攻訐反對？

　　中興的興Heng1（唐）虛陵切蒸平，清人林藩所作「泗上亭長」──「前驅負弩意飛騰，發役驪山感不勝，貧賤知心刀筆吏、早高冷眼看龍興」。本詩用下平十蒸韻，韻腳：騰Teng5（唐）徒登切，勝Seng1（唐）識蒸切，興Heng1（唐）虛陵切。前輩騷翁林痴仙作品「蜀後主」──「平襄疏遠奉車升，鍾鄧西來隙可乘，漢火傷心從此滅、改元空自號炎興」本詩韻腳：升Seng1（唐）識蒸切，乘Seng5（唐）食陵切，興Heng1。以上七絕二首皆用下平十蒸韻，但「興」古韻協Hiong1（韻補）火宮切、如漢馬融「長笛賦──曲終闋盡、餘絃更興，繁手果發，密櫛疊重」，為協本句韻腳重Tiong5，（廣）直容切，古人讀「興」為Hiong1。又徐幹所作「雜詩」亦為一例──「沈陰增憂愁，憂愁為誰興，念與君相別，乃在天一方」為諧方Hong1（集）分房切，陽平，前賢協「興」為Hiong1，虛良切音香。於「潘乾碑」文中，情形亦然──「實天生德，有漢將興，天子孫孫，俾爾熾昌」。韻腳：

昌Chhiong1（廣）尺良切，陽平，以是古協「興」為Hiong1以求諧音。詩歌文化，薪傳千載，吟誦協韻，於古有徵，精密細緻，無以復加。聲韻語音，學術精深，有所堅持，絕對正確，勿庸置疑。唯義國斜塔未因傾斜而欲拆，稀世古蹟不為突兀而見毀。何況詩學有序，先求本音，次教協韻，相輔相成，互不抵觸。語歸聲律，詩有吟風，理論實務宜釐分野，吟客韻家，各為發揚中原漢學而努力，必是幸事。

「唐詩正韻」選萃名詩卷首於一版。依五七絕律分集，按標準平仄，教習唐宋文言古音、河洛漢韻。筆者二十年前為查證文白正俗音異，進而逐一考據字書翻爛康典辭源，幾絕韋編。學海無涯，始信二系無分軒輊，文言語音時有漳腔為準，時有泉腔為古之妙。於詩詞歌賦，經史子集曠古名作之中，漳泉音韻各存於正典，識者皆知其在。職是之故，語音示範於華語白話之後，悉採中原正音吟誦。詩韻乃經典韻文靈魂，主導輝煌音樂文學發展，為河洛漢學根本，平仄旋律依據，浩瀚廣大，一脈相承。為珍惜稀世文化瑰

寶、融詩學於生活，是以列平仄、詩韻練習與吟唱為三大主軸。

　　賦詩有別才、吟唱無二致。河洛漢詩之美盡在音韻，旋律表達端賴平仄。陰平輕高、陽平長慢，仄聲快急猛烈，短促沉重，不容拖拉牽扯。七言絕句是學習賦作與吟誦最捷門徑，為有效教導讀者，特於七絕部份挑明吟唱重點，引掖初學按平起二四四二，仄起四二二四與韻腳各加一拍原則吟唱。要領極其簡單易懂。然後按秩進階、學習五言絕律，歌賦行體自非難事。至於閒詠名篇，格律不嚴，平仄倒錯者多有。際此，盡倚平仄聲韻原理，於輕高長慢，抑揚頓挫之間即有旋律。

　　應用騷章文句，讀誦吟唱，活用語音，全依變調。高低快慢，靈巧轉換，語文一體，東西無異，自然生動，妙在其中。唯詩倚平仄，教導正音、講授結構，仍以本調為準，如此，方不亂原作音樂鋪陳而扭曲古人格律。故著書付梓，注音助唸，應依本調以確保原玉琅琅之聲。吟風雖異，不離平仄音符擺設。實際吟誦調急則變，緩

則存，有時變調佳，有時本音妙，如不變調會扭曲本意，用語習慣，或影響旋律，則變調，反之亦是。如杜甫之「蜀相——隔葉黃鸝空好音」，好音Ho2，（集）許皓切上聲十九皓，佳也。所以，「好」必須變調唸平聲Ho1，始不至誤聽成好Ho3（廣）呼到切，去聲二十號韻，喜也，嗜也，而曲解原意。如李白之「登金陵鳳凰臺——晉代衣冠成古丘」的「古」Kou2（韻）果五切，上聲七麌，吟誦時，上聲會自動變平聲。盛唐以前黏對格律不嚴、拗對、拗黏講究鬆寬，這首詩已經失黏失對「晉代衣冠成古丘——仄仄平平平仄平」古字為孤仄，如再肆意變調注成平聲Kou1，瀟灑飄逸如詩仙，雖平生不喜為格律所苦，當亦不樂見其作品為後世不重平仄所改而誤導詩學。故詩詞章句必須注本音以維原作平仄風貌。至於實際吟誦非注變調不妥，加注於其旁亦無妨。如此則兩全其美。

臺灣古典詩學昌盛、擊缽吟詠，詩會之頻，創作之豐獨領風騷、放眼全球，韻競音尚，缽響吟揚，無出其右。光復以還，由於有司懵懂、語

教失策，傳統音韻瑰寶破壞殆盡，幾至斷層，幸得近歲南北鷗盟奮起搶救，千年唐宋中原河洛文化，華夏詩教道統，始得不滅於灰燼。鳳凰浴火，劫後重生，兆民之慶。富而好禮、斯文興邦，謙讓恭敬，雅風可復。作者心醉赤軸，自少慕古，愛不釋卷，幸逢名師，明鏡不疲。稍長，主攻外文、進修企管、炊帚別就。原擬石經汗簡披覽自娛、閒餘得以譯注河洛漢音散文數篇即已足，未曾妄冀延佇大觀、結交鷺友、探驪裁錦、效顰才子白戰鏖詩。更何敢夜郎自大，擅為人師，五經未熟，僭竊教鞭。維嗣後，承蒙騷壇祭酒張榮譽理事長國裕先生薦引，始拾穗韻田，忝列班末。鹿洞千里，青燈十年。徨徨警枕，猶有所期。乍聞珠圓玉潤，律古音清，一唱三嘆，饑渴乃止。旋即延請國老駕連莫大家月娥女史，懷寶臨席，鼎足授業，昌詩北臺，穿梭開課於臺北縣，市教育、社會與民政諸局漢詩研習。臺北大安扶輪社贊助舉辦暑期教師吟營，連續八年，發揚文化，熱衷社會服務，深獲佳評。爾來教學，獨鍾礪心雅調，詞清韻遠，嚴分平仄，廣受歡

迎。《唐詩正韻》籌備經年，姍姍付梓，非有所待，實為才疏。知遇銘激，布德惠多，念感宋裕老師慇慇侑導、李主編冀燕鼎助，王昌煥老師題字，王孟玲老師審對、滿憶高先生支持與諸多相關人士協助，始克成書，謹此識謝。

黃冠人敬具

七律

黃　鶴　樓
Hong5　Hok8　Liu5

崔　顥
Chhui1　Ho7

昔	人	已	乘	黃	鶴	去	，
Sek4	jin5	i2	seng5	hong5	hok8	khu3	

此	地	空	餘	黃	鶴	樓	。
Chhu2	te7	khong1	u5	Hong5	Hok8	Liu5	

黃	鶴	一	去	不	復	返	，
Hong5	hok8	it4	khu3	put4	hiu3	hoan2	

白	雲	千	載	空	悠	悠	。
Pek8	un5	chhian1	chai2	khong1	iu5	iu5	

晴	川	歷	歷	漢	陽	樹	，
Cheng5	chhoan1	lek8	lek8	Han3	Iong5	su7	

芳	草	萋	萋	鸚	鵡	洲	。
Hong1	chho2	chhe1	chhe1	Eng1	Bu2	Chiu1	

日	暮	鄉	關	何	處	是	，
Jit8	bou7	hiong1	koan1	ho5	chhu3	si7	

煙	波	江	上	使	人	愁	。
Ian1	pho1	kang1	siong7	su2	jin5	chhiu5	

■ 平仄與吟唱重點

1.昔人已乘黃鶴去

　‧平聲字：人、乘、黃（各加一拍）

2.此地空餘黃鶴樓

　‧平聲字：空、餘、黃、樓

　‧關鍵字／韻腳字：餘、樓（各加一拍）

3.黃鶴一去不復返

　‧平聲字：黃（加一拍）

4.白雲千載空悠悠

　‧平聲字：雲、千、空、悠

　‧關鍵字／韻腳字：雲、悠（各加一拍）

5.晴川歷歷漢陽樹

　‧平聲字：晴、川、陽

　‧關鍵字：川、陽（各加一拍）

6.芳草萋萋鸚鵡洲

　‧平聲字：芳、萋、鸚、洲

　‧關鍵字／韻腳字：萋、洲（各加一拍）

7.日暮鄉關何處是

　‧平聲字：鄉、關、何

　‧關鍵字：關、何（各加一拍）

8.煙波江上使人愁

・平聲字：煙、波、江、人、愁
・關鍵字／韻腳字：波、愁（各加一拍）

■ 漳音與其他

樓Lou5（本音）／Liu5（詩韻）／liou5（泉）、
人lin5（亦可）、去khi3（漳）、此chhi2（漳）、
餘i5（漳）、雲in5（漳）／hun5（優勢俗音）、
陽iang5（漳）、曰lit8（亦可）、鄉hiang1（漳）、
處chhi3（漳）、上siang7（漳）

■ 詩韻

本詩不合律，下平十一尤，首句不用韻，韻腳：
樓、悠、洲、愁。

註：

　　Ou＝Oo＝O・＝圓口ご（音如姑、鼓、顧、故、
庫的ご）

登 金 陵 鳳 凰 臺
Teng1 Kim1 Leng5 Hong7 Hong5 Tai5

李 白
Li2 Pek8

鳳 凰 臺 上 鳳 凰 遊 ，
Hong7 Hong5 Tai5 siong7 hong7 hong5 iu5

鳳 去 臺 空 江 自 流 。
Hong7 khu3 tai5 khong1 kang1 chu7 liu5

吳 宮 花 草 埋 幽 徑 ，
Gou5 kiong1 hoa1 cho2 bai5 iu1 keng3

晉 代 衣 冠 成 古 丘 。
Chin3 tai7 i1 koan1 seng5 kou2 khiu1

三 山 半 落 青 天 外 ，
Sam1 san1 poan3 lok8 chheng1 thian1 goe7

二 水 中 分 白 鷺 洲 。
Ji7 sui2 tiong1 hun1 Pek8 Lou7 Chiu1

總 爲 浮 雲 能 蔽 日 ，
Chong2 ui7 hiu5 un5 leng5 pe3 jit8

長 安 不 見 使 人 愁 。
Tiong5 An1 put4 kian3 su2 jin5 chhiu5

■ 平仄與吟唱重點（24242442／韻腳）

1.鳳凰臺上鳳凰遊
・平聲字：凰、臺、遊
・關鍵字／韻腳字：凰、遊（各加一拍）

2.鳳去臺空江自流
・平聲字：臺、空、江、流
・關鍵字／韻腳字：空、流（各加一拍）

3.吳宮花草埋幽徑
・平聲字：吳、宮、花、埋、幽
・關鍵字：宮、幽（各加一拍）

4.晉代衣冠成古丘
・平聲字：衣、冠、成、丘
・關鍵字／韻腳字：冠、丘（各加一拍）

5.三山半落青天外
・平聲字：三、山、青、天
・關鍵字：山、天（各加一拍）

6.二水中分白鷺洲
・平聲字：中、分、洲
・關鍵字／韻腳字：分、洲（各加一拍）

7.總為浮雲能蔽日
・平聲字：浮、雲、能

・關鍵字：雲、能（各加一拍）

8.長安不見使人愁

・平聲字：長、安、人、愁

・關鍵字／韻腳字：安、愁（各加一拍）

■ 漳音與其他

上siang7（漳）、江Kong1（詩韻）、二li7（亦可）、浮Hiu5（詩韻）／hu5（漳／泉一彙一喜龜切）、長tiang5（漳）

■ 詩韻

本詩平起平收，下平十一尤，首句用韻，韻腳：遊、流、丘、洲、愁。

註：

　　吟唱重點「24242442」指首句第2字「鳳」，次句第4字「空」，三句第2字「宮」，四句第4字「冠」，五句第2字「山」，六句第4字「分」，七句第4字「雲」，末句第2字「安」，平起平收句關鍵平聲字，配合韻腳各加一拍即可吟唱。

蜀 相
Siok8 Siong3

杜 甫
Tou7 Hu2

丞	相	祠	堂	何	處	尋	，
Seng5	siong3	su5	tong5	ho5	chhu3	sim5	

錦	官	城	外	柏	森	森	。
Kim2	Koan1	Seng5	goe7	pek4	sim1	sim1	

映	階	碧	草	自	春	色	，
Eng3	kai1	phek4	chho2	chu7	chhun1	sek4	

隔	葉	黃	鸝	空	好	音	。
Kek4	iap8	hong5	li5	khong1	ho2	im1	

三	顧	頻	煩	天	下	計	，
Sam1	kou3	pin5	hoan5	thian1	ha7	ke3	

兩	朝	開	濟	老	臣	心	。
Liong2	tiau5	khai1	che3	lo2	sin5	sim1	

出	師	未	捷	身	先	死	，
Chhut4	su1	bi7	chiap8	sin1	sian1	su2	

長	使	英	雄	淚	滿	襟	。
Tiong5	su2	eng1	hiong5	lui7	boan2	kim1	

■ 平仄與吟唱重點（42244224／韻腳）

1.丞相祠堂何處尋
　・平聲字：祠、堂、何、尋
　・關鍵字／韻腳字：堂、尋（各加一拍）

2.錦官城外柏森森
　・平聲字：官、城、森
　・關鍵字／韻腳字：官、森（各加一拍）

3.映階碧草自春色
　・平聲字／關鍵字：階、春（各加一拍）

4.隔葉黃鸝空好音
　・平聲字：黃、鸝、空、音
　・關鍵字／韻腳字：鸝、音（各加一拍）

5.三顧頻煩天下計
　・平聲字：三、頻、煩、天
　・關鍵字：煩、天（各加一拍）

6.兩朝開濟老臣心
　・平聲字：朝、開、臣、心
　・關鍵字／韻腳字：朝、心（各加一拍）

7.出師未捷身先死
　・平聲字：師、身、先
　・關鍵字：師、先（各加一拍）

8.長使英雄淚滿襟

· 平聲字：長、英、雄、襟

· 關鍵字／韻腳字：雄、襟（各加一拍）

■ 漳音與其他

相siang3（漳）、祠si5（漳）、處chhi3（漳）、自
chi7（漳）、鸝Li5（支韻）／Le5（齊韻——兩
韻皆可）、老Nou2（亦可）、死Si2（詩韻）、長
tiang5（漳）、雄iong5（俗音）

■ 詩韻

本詩仄起仄收，下平十二侵，首句用韻，韻腳：
尋、森、音、心、襟

註：

　　吟唱重點「42244224」指首句第4字「堂」、次
句第2字「官」、三句第2字「階」、四句第4字
「鸝」、五句第4字「煩」、六句第2字「朝」、七句第2
字「師」、末句第4字「雄」，仄起仄收句關鍵平聲
字，配合韻腳，再各加一拍吟唱，即可成調。

客 至
Khek4 Chi3

杜 甫
Tou7 Hu2

舍	南	舍	北	皆	春	水	，
Sia3	lam5	sia3	pok4	kai1	chhun1	sui2	
但	見	群	鷗	日	日	來	。
Tan7	kian3	kun5	iu1	jit8	jit8	lai5	
花	徑	不	曾	緣	客	掃	，
Hoa1	keng3	put4	cheng5	ian5	khek4	so3	
蓬	門	今	始	爲	君	開	。
Pong5	bun5	kim1	si2	ui7	kun1	khai1	
盤	飧	市	遠	無	兼	味	，
Phoan5	sun1	si7	oan2	bu5	kiam1	bi7	
樽	酒	家	貧	只	舊	醅	。
Chun1	chiu2	ka1	pin5	chi2	kiu7	phai1	
肯	與	鄰	翁	相	對	飮	，
Kheng2	u2	lin5	ong1	siong1	tui3	im2	
隔	籬	呼	取	盡	餘	杯	。
Kek4	li5	hou1	chhu2	chin7	u5	pai1	

■平仄與吟唱重點（24422442／韻腳）

1. 舍南舍北皆春水
 ・平聲字：南、皆、春
 ・關鍵字：南、春（各加一拍）

2. 但見群鷗日日來
 ・平聲字：群、鷗、來
 ・關鍵字／韻腳字：鷗、來（各加一拍）

3. 花徑不曾緣客掃
 ・平聲字：花、曾、緣
 ・關鍵字：曾、緣（各加一拍）

4. 蓬門今始為君開
 ・平聲字：蓬、門、今、君、開
 ・關鍵字／韻腳字：門、開（各加一拍）

5. 盤飧市遠無兼味
 ・平聲字：盤、飧、無、兼
 ・關鍵字：飧、兼

6. 樽酒家貧只舊醅
 ・平聲字：樽、家、貧、醅
 ・關鍵字／韻腳字：貧、醅（各加一拍）

7. 肯與鄰翁相對飲
 ・平聲字：鄰、翁、相

・關鍵字：翁、相（各加一拍）

8.隔籬呼取盡餘杯

・平聲字：籬、呼、餘、杯

・關鍵字／韻腳字：籬、杯（各加一拍）

■ 漳音與其他

北Pek4（入聲十三職詩韻）／pok4（非韻腳強勢音）、鷗Ou1（本音）／Iu1（詩韻）、蓬phong5（亦可）／hong5（俗音）、飧Sun1／餐Chhan1（另版）、市chhi7（俗音）、只chit4（唐俗音）、醅Phoe1（本音）、與i2（漳）、相siang1（漳）、取chhi2（漳）、餘i5（漳）、杯Poe1（本音）

■ 詩韻

本詩平起平收，上平十灰，首句不用韻，韻腳：來、開、醅、杯。

聞 官 軍 收 河 南 河 北
Bun5 Koan1 Kun1 Siu1 Ho5 Lam5 Ho5 Pok4

杜 甫
Tou7 Hu2

劍 外 忽 傳 收 薊 北 ，
Kiam3 goe7 hut4 thoan5 siu1 Ke3 Pok4

初 聞 涕 淚 滿 衣 裳 。
Chhou1 bun5 the3 lui7 boan2 i1 siong5

卻 看 妻 子 愁 何 在 ，
Khiok4 khan1 chhe1 chu2 chhiu5 ho5 chai7

漫 卷 詩 書 喜 欲 狂 。
Ban7 koan2 si1 su1 hi2 iok8 kong5

白 日 放 歌 須 縱 酒 ，
Pek8 jit8 hong3 ko1 su1 chhiong3 chiu2

青 春 作 伴 好 還 鄉 。
Chheng1 chhun1 chok4 poan7 ho2 hoan5 hiong1

即 從 巴 峽 穿 巫 峽 ，
Chek4 chiong5 Pa1 Kiap8 chhoan1 Bu5 Kiap8

便 下 襄 陽 向 洛 陽 。
Pian7 ha3 Siong1 Iong5 hiong3 Lok8 Iong5

■ 平仄與吟唱重點（42244224／韻腳）

1.劍外忽傳收薊北
　．平聲字：傳、收（各加一拍）

2.初聞涕淚滿衣裳
　．平聲字：初、聞、衣、裳
　．關鍵字／韻腳字：聞、裳（各加一拍）

3.卻看妻子愁何在
　．平聲字：看、妻、愁、何
　．關鍵字：看、何（各加一拍）

4.漫卷詩書喜欲狂
　．平聲字：詩、書、狂
　．關鍵字／韻腳字：書、狂

5.白日放歌須縱酒
　．平聲字：歌、須（各加一拍）

6.青春作伴好還鄉
　．平聲字：青、春、還、鄉
　．關鍵字／韻腳字：春、鄉（各加一拍）

7.即從巴峽穿巫峽
　．平聲字：從、巴、穿、巫
　．關鍵字：從、巫（各加一拍）

8.便下襄陽向洛陽

- 平聲字：襄、陽
- 關鍵字／韻腳字：襄、陽（各加一拍）

■ 漳音與其他

初chhi1（漳）、淚le7（俗音）、裳siang5（漳）、
卻khiak4（漳）、子Chhi2（詩韻）、書si1（漳）、
欲iak8（漳）、日lit5（亦可）、須si1（漳）、縱
Chiong3（廣——子用切）／chhiang3（漳）、峽
Hiap8（廣——侯夾切）／kiap8（強勢俗音）、
鄉hiang1（漳）、襄siang1（漳）、陽iang5（漳）

■ 詩韻

本詩仄起仄收，下平七陽，首句不用韻，韻腳：
裳、狂、鄉、陽

登 高
Teng1 Ko1

杜 甫
Tou7 Hu2

風	急	天	高	猿	嘯	哀	，
Hong1	kip4	thian1	ko1	oan5	siau3	ai1	
渚	清	沙	白	鳥	飛	迴	。
Chu2	chheng1	sa1	pek8	niau2	hui1	hai5	
無	邊	落	木	蕭	蕭	下	，
Bu5	pian1	lok8	bok8	siau1	siau1	ha3	
不	盡	長	江	滾	滾	來	。
Put4	chin7	Tiong5	Kang1	kun2	kun2	lai5	
萬	里	悲	秋	常	作	客	，
Ban7	li2	pi1	chhiu1	siong5	chok4	khek4	
百	年	多	病	獨	登	臺	。
Pek4	lian5	to1	peng7	tok8	teng1	tai5	
艱	難	苦	恨	繁	霜	鬢	，
Kan1	lan5	khou2	hun7	hoan5	song1	pin3	
潦	倒	新	停	濁	酒	杯	。
Lo5	to2	sin1	theng5	chok8	chiu2	pai1	

唐詩正韻（律詩）

■ 平仄與吟唱重點（42244224／韻腳）

1. 風急天高猿嘯哀
   - 平聲字：風、天、高、猿、哀
   - 關鍵字／韻腳字：高、哀（各加一拍）

2. 渚清沙白鳥飛迴
   - 平聲字：清、沙、飛、迴
   - 關鍵字／韻腳字：清、迴（各加一拍）

3. 無邊落木蕭蕭下
   - 平聲字：無、邊、蕭
   - 關鍵字：邊、蕭（各加一拍）

4. 不盡長江滾滾來
   - 平聲字：長、江、來
   - 關鍵字／韻腳字：江、來（各加一拍）

5. 萬里悲秋常作客
   - 平聲字：悲、秋、常
   - 關鍵字：秋、常（各加一拍）

6. 百年多病獨登臺
   - 平聲字：年、多、登、臺
   - 關鍵字／韻腳字：年、臺（各加一拍）

7. 艱難苦恨繁霜鬢
   - 平聲字：艱、難、繁、霜

・關鍵字：難、霜（各加一拍）

8.潦倒新停濁酒杯

・平聲字：潦、新、停、杯

・關鍵字／韻腳字：停、杯（各加一拍）

■ 漳音與其他

渚chi2（漳）、江Kong1（詩韻）、恨hin7（漳）、
濁Tok8（唐音──近似毒Tok8避之）

■ 詩韻

本詩仄起仄收，上平十灰，首句用韻，韻腳：
哀、迴、來、臺、杯。

詠　懷　古　跡（其　三）
Eng7　Hoai5　Kou2　Chek4　Ki5　Sam1

杜　甫
Tou7　Hu2

群　山　萬　壑　赴　荊　門　，
Kun5　san1　ban7　hok4　hu3　Keng1　Bun5

生　長　明　妃　尚　有　村　。
Seng1　tiong2　Beng5　Hui1　siong7　iu2　chhun1

一　去　紫　臺　連　朔　漠　，
It4　khu3　chhu2　tai5　lian5　sok4　bok8

獨　留　青　塚　向　黃　昏　。
Tok8　liu5　chheng1　thiong2　hiong3　hong5　hun1

畫　圖　省　識　春　風　面　，
Hoa7　tou5　seng2　sek4　chhun1　hong1　bian7

環　珮　空　歸　月　夜　魂　。
Hoan5　poe7　khong1　kui1　goat8　ia7　hun5

千　載　琵　琶　作　胡　語　，
Chhian1　chai2　pi5　pa5　chok4　hou5　gu2

分　明　怨　恨　曲　中　論　。
Hun1　beng5　oan3　hun7　khiok4　tiong1　lun5

■ 平仄與吟唱重點（24422442／韻腳）

1.群山萬壑赴荊門
　‧平聲字：群、山、荊、門
　‧關鍵字／韻腳字：山、門（各加一拍）

2.生長明妃尚有村
　‧平聲字：生、明、妃、村
　‧關鍵字／韻腳字：妃、村（各加一拍）

3.一去紫臺連朔漠
　‧平聲字：臺、連（各加一拍）

4.獨留青塚向黃昏
　‧平聲字：留、青、黃、昏
　‧關鍵字／韻腳字：留、昏（各加一拍）

5.畫圖省識春風面
　‧平聲字：圖、春、風
　‧關鍵字：圖、風

6.環珮空歸月夜魂
　‧平聲字：環、空、歸、魂
　‧關鍵字／韻腳字：歸、魂（各加一拍）

7.千載琵琶作胡語
　‧平聲字：千、琵、琶、胡
　‧關鍵字：琶、胡（各加一拍）

8.分明怨恨曲中論

．平聲字：分、明、中、論

．關鍵字／韻腳字：明、論（各加一拍）

■ 漳音與其他

尚siang7（漳）、去khi3（漳）、紫chi2（漳）、向
hiang3（漳）、語gi2（漳）、恨hin7（漳）、中
tiang1（漳）

■ 詩韻

本詩仄起仄收，上平十三元，首句用韻，韻腳：
門、林、昏、魂、論。

詠 懷 古 跡 （其 五）
Eng7 Hoai5 Kou2 Chek4 Ki5 Ngou2

杜　甫
Tou7　Hu2

諸　葛　大　名　垂　宇　宙　，
Chu1 Kat4 tai7 beng5 sui5 u2 tiu7

宗　臣　遺　像　肅　清　高　。
Chong1 sin5 ui5 siong7 siok4 chheng1 ko1

三　分　割　據　紆　籌　策　，
Sam1 hun1 kat4 ku3 u1 tiu5 chhek4

萬　古　雲　霄　一　羽　毛　。
Ban7 kou2 un5 siau1 it4 u2 mou5

伯　仲　之　間　見　伊　呂　，
Pek4 tiong7 chi1 kan1 kian3 I5 Lu2

指　揮　若　定　失　蕭　曹　。
Chi2 hui1 jiok8 teng7 sit4 Siau1 Cho5

運　移　漢　祚　終　難　復　，
Un7 i5 han3 chou3 chiong1 lan5 hok8

志　決　身　殲　軍　務　勞　。
Chi3 koat4 sin1 chhiam1 kun1 bu7 lo5

唐詩正韻 (律詩)

■ 平仄與吟唱重點（42244224／韻腳）

1. 諸葛大名垂宇宙
   - 平聲字：諸、名、垂
   - 關鍵字：名、垂（各加一拍）

2. 宗臣遺像肅清高
   - 平聲字：宗、臣、遺、清、高
   - 關鍵字／韻腳字：臣、高（各加一拍）

3. 三分割據紆籌策
   - 平聲字：分、紆、籌
   - 關鍵字：分、籌（各加一拍）

4. 萬古雲霄一羽毛
   - 平聲字：雲、霄、毛
   - 關鍵字／韻腳字：霄、毛（各加一拍）

5. 伯仲之間見伊呂
   - 平聲字：之、間、伊
   - 關鍵字：間、伊（各加一拍）

6. 指揮若定失蕭曹
   - 平聲字：揮、蕭、曹
   - 關鍵字／韻腳字：揮、曹（各加一拍）

7. 運移漢祚終難復
   - 平聲字：移、終、難

・關鍵字：移、難（各加一拍）

8.志決身殲軍務勞

・平聲字：身、殲、軍、勞

・關鍵字／韻腳字：殲、勞（各加一拍）

■ 漳音與其他

宇i2（漳）、像siang7（漳）、據ki3（漳）、紆i5
（漳）、雲in5（漳）、羽i2 （漳）、呂／li7（漳）
／lu7（泉）／Lu2（上聲六語韻）、若jiak8（漳）

■ 詩韻

本詩仄起仄收，下平四豪，首句不用韻，韻腳：
高、毛、曹、勞。

註：

　　漳泉正俗文白古音、極其多元如：呂Lu2／lu7、
儉Kiam2／khiam7、他Tho1／tha1、那Lo5／Nou5／
na2、老Lo2／Nou2、鸝Li5／Le5、梨Li5／Le5、只
Chit4／Chi2、似Si2／si7／su7、蓬Pong5／phong5／
hong5……等不勝枚舉。

西　塞　山　懷　古
Se1　Sai3　San1　Hoai5　Kou2

劉　禹　錫
Liu5　U2　Sek4

王	濬	樓	船	下	益	州	，
Ong5	Chun3	liu5	soan5	ha3	Ek4	Chiu1	

金	陵	王	氣	黯	然	收	。
Kim1	Leng5	ong5	khi3	am2	jian5	siu1	

千	尋	鐵	鎖	沉	江	底	，
Chhian1	sim1	thiat4	so2	tim5	kang1	te2	

一	片	降	旛	出	石	頭	。
It4	phian3	hang5	hoan1	chhut4	sek8	thiu5	

人	世	幾	回	傷	往	事	，
Jin5	se3	ki2	hoe5	siong1	ong2	su7	

山	形	依	舊	枕	寒	流	。
San1	heng5	i1	kiu7	chim7	han5	liu5	

從	今	四	海	爲	家	日	，
Chiong5	kim1	su3	hai2	ui5	ka1	jit8	

故	壘	蕭	蕭	蘆	荻	秋	。
Kou3	lui2	siau1	siau1	lou5	tek8	chhiu1	

■ 平仄與吟唱重點（42244224／韻腳）

1. 王濬樓船下益州
   - 平聲字：王、樓、船、州
   - 關鍵字／韻腳字：船、州（各加一拍）

2. 金陵王氣黯然收
   - 平聲字：金、陵、王、然、收
   - 關鍵字／韻腳字：陵、收（各加一拍）

3. 千尋鐵鎖沉江底
   - 平聲字：千、尋、沉、江
   - 關鍵字：尋、江（各加一拍）

4. 一片降旛出石頭
   - 平聲字：降、旛、頭
   - 關鍵字／韻腳字：旛、頭（各加一拍）

5. 人世幾回傷往事
   - 平聲字：回、傷（各加一拍）

6. 山形依舊枕寒流
   - 平聲字：山、形、寒、流
   - 關鍵字／韻腳字：形、流（各加一拍）

7. 從今四海為家日
   - 平聲字：從、今、為、家
   - 關鍵字：今、家（各加一拍）

8.故壘蕭蕭蘆荻秋

　　・平聲字：蕭、蘆、秋

　　・關鍵字／韻腳字：蕭、秋（各加一拍）

　■ 漳音與其他

劉lau5（姓得唸白話）／Liu5（文音）、樓Lou5
（本音）／Liu5（詩韻）／liou5（泉）、船Sian5
（詩韻——非韻腳可唸本音Soan5）、回Hai5（詩
韻）、傷siang1（漳）、事si7（漳）、枕Chim7（唐
——之賃切、去聲二十七沁韻）、四Si3（詩韻）
／su3（泉）

　■ 詩韻

本詩仄起仄收，上平十一尤，首句用韻，韻腳：
州、收、頭、流、秋。

遣　悲　懷
Khian2　Pi1　Hoai5

元　積
Goan5　Chin2

謝	公	最	小	偏	憐	女	，
Sia7	kong1	choe3	siau2	phian1	lian5	lu2	

自	嫁	黔	婁	百	事	乖	。
Chu7	ka3	khiam5	liu5	pek4	su7	koai1	

顧	我	無	衣	搜	藎	篋	，
Kou3	go2	bu5	i1	sou1	chin7	khiap4	

泥	他	沽	酒	拔	金	釵	。
Le7	tha1	kou1	chiu2	poat8	kim1	chhai1	

野	蔬	充	膳	甘	長	藿	，
Ia2	sou1	chhiong1	sian7	kam1	tiong5	hok4	

落	葉	添	薪	仰	古	槐	。
Lok8	iap8	thiam1	sin1	giong2	kou2	hoai5	

今	日	俸	錢	過	十	萬	，
Kim1	jit8	hong7	chian5	ko1	sip8	ban7	

與	君	營	奠	復	營	齋	。
U2	kun1	eng5	tian3	hiu3	eng5	chai1	

唐詩正韻（律詩）

■ 平仄與吟唱重點（24422442／韻腳）

1.謝公最小偏憐女
　・平聲字：公、偏、憐
　・關鍵字：公、憐（各加一拍）

2.自嫁黔婁百事乖
　・平聲字：黔、婁、乖
　・關鍵字／韻腳字：婁、乖（各加一拍）

3.顧我無衣搜藎篋
　・平聲字：無、衣、搜
　・關鍵字：衣、搜（各加一拍）

4.泥他沽酒拔金釵
　・平聲字：他、沽、金、釵
　・關鍵字／韻腳字：他、釵（各加一拍）

5.野蔬充膳甘長藿
　・平聲字：蔬、充、甘、長
　・關鍵字：蔬、長（各加一拍）

6.落葉添薪仰古槐
　・平聲字：添、薪、槐
　・關鍵字／韻腳字：薪、槐（各加一拍）

7.今日俸錢過十萬
　・平聲字：今、錢、過

‧關鍵字：錢、過（各加一拍）

8.與君營奠復營齋

‧平聲字：君、營、齋

‧關鍵字／韻腳字：君、齋（各加一拍）

■ 漳音與其他

積Chin2（唐──之忍切／辭──止引切、上聲
十一軫韻）、女li2（漳）、長tiang5（漳）、與i2
（漳）、泥Le7（廣──奴計切、去聲八霽韻）過
Ko1（廣──古禾切、下平五歌韻）／Ko3（去
聲本詩不宜）

■ 詩韻

本詩平起平收，上平九佳，首句不用韻，韻腳：
乖、釵、槐、齋。

自 河 南 經 亂 關 內 阻
Chu7 Ho5 Lam5 Keng1 Loan7 Koan1 Loe7 Chou2

饑 兄 弟 離 散 各 在 一
Ki1 Heng1 Te7 Li5 San3 Kok4 Chai7 It4

處 因 望 月 有 感 聊 書
Chhu3 In1 Bong7 Goat8 Iu2 Kam2 Liau5 Su1

所 懷 寄 上 浮 梁 大 兄
Sou2 Hoai5 Ki2 Siong2 Hiu5 Liong5 Tai7 Heng1

於 潛 七 兄 烏 江 十 五
U5 Chiam5 Chhit4 Heng1 Ou1 Kang1 Sip8 Ngou2

兄 兼 示 符 離 及 下 邽
Heng1 Kiam1 Si7 Hu5 Li5 Kip8 Ha7 Ke1

弟 妹
Te7 Boe7

白 居 易
Pek8 Ku1 I7

時 Si5	難 lan7	年 lian5	饑 ki1	世 se3	業 giap8	空 khong1	，
弟 Te7	兄 heng1	羈 ki1	旅 lu2	各 kok4	西 se1	東 tong1	。
田 Tian5	園 oan5	寥 liau5	落 lok8	干 kan1	戈 ko1	後 hou7	，
骨 Kut4	肉 ju7	流 liu5	離 li5	道 to7	路 lou7	中 tiong1	。
弔 Tian3	影 eng2	分 hun1	爲 ui5	千 chhian1	里 li2	雁 gan7	，
辭 Si5	根 kun1	散 san3	作 chok4	九 kiu2	秋 chhiu1	蓬 pong5	。
共 Kiong7	看 khan1	明 beng5	月 goat8	應 eng1	垂 sui5	淚 lui7	，
一 It4	夜 ia7	鄉 hiong1	心 sim1	五 Ngou2	處 chhu3	同 tong5	。

■ 平仄與吟唱重點（42244224／韻腳）

1.時難年饑世業空
 ・平聲字：時、年、饑、空
 ・關鍵字／韻腳字：饑、空（各加一拍）

2.弟兄羈旅各西東
 ・平聲字：兄、羈、西、東
 ・關鍵字／韻腳字：兄、東（各加一拍）

3.田園寥落干戈後
 ・平聲字：田、園、寥、干、戈
 ・關鍵字：園、戈（各加一拍）

4.骨肉流離道路中
 ・平聲字：流、離、中
 ・關鍵字／韻腳字：離、中（各加一拍）

5.弔影分為千里雁
 ・平聲字：分、為、千
 ・關鍵字：為、千（各加一拍）

6.辭根散作九秋蓬
 ・平聲字：辭、根、秋、蓬
 ・關鍵字／韻腳字：根、蓬（各加一拍）

7.共看明月應垂淚
 ・平聲字：看、明、應、垂

・關鍵字：看、垂（各加一拍）

8.一夜鄉心五處同

・平聲字：鄉、心、同

・關鍵字／韻腳字：心、同（各加一拍）

■ 漳音與其他

旅li2（漳）、後hiou7（泉）、中tiang1（漳）、根 kin1（漳）、共kiang7（漳）、看Khan1（廣－苦 寒切、集－邱寒切、上平十四寒韻）、淚le7（俗 音）、鄉hiang（漳）、處chhi3（漳）

■ 詩韻

本詩仄起仄收，上平一東，首句用韻，韻腳： 空、東、中、蓬、同。

錦　瑟
Kim2　Sek4

李　商　隱
Li2　Siong1　Un2

錦	瑟	無	端	五	十	絃	，
Kim2	sek4	bu5	toan1	Ngou2	sip8	hian5	

一	絃	一	柱	思	華	年	。
It4	hian5	it4	chu7	su3	hoa5	lian5	

莊	生	曉	夢	迷	蝴	蝶	，
Chong1	seng1	hiau2	bong7	be5	hou5	tiap8	

望	帝	春	心	託	杜	鵑	。
Bong7	Te3	chhun1	sim1	thok4	tou7	kian1	

滄	海	月	明	珠	有	淚	，
Chhong1	hai2	goat8	beng5	chu1	iu2	lui7	

藍	田	日	暖	玉	生	煙	。
Lam5	Tian5	jit8	loan2	giok8	seng1	ian1	

此	情	可	待	成	追	憶	，
Chhu2	cheng5	kho2	tai7	seng5	tui1	ek4	

只	是	當	時	已	惘	然	。
Chi2	si7	tong1	si5	i2	bong2	jian5	

■ 平仄與吟唱重點（42244224／韻腳）

1.錦瑟無端五十絃
・平聲字：無、端、絃
・關鍵字／韻腳字：端、絃（各加一拍）

2.一絃一柱思華年
・平聲字：絃、華、年
・關鍵字／韻腳字：絃、年（各加一拍）

3.莊生曉夢迷蝴蝶
・平聲字：莊、生、迷、蝴
・關鍵字：生、蝴（各加一拍）

4.望帝春心託杜鵑
・平聲字：春、心、鵑
・關鍵字／韻腳字：心、鵑（各加一拍）

5.滄海月明珠有淚
・平聲字：滄、明、珠
・關鍵字：明、珠（各加一拍）

6.藍田日暖玉生煙
・平聲字：藍、田、生、煙
・關鍵字／韻腳字：田、煙（各加一拍）

7.此情可待成追憶
・平聲字：情、成、追

‧關鍵字：情、追（各加一拍）

8.只是當時已惘然

‧平聲字：當、時、然

‧關鍵字／韻腳字：時、然（各加一拍）

■ 漳音與其他

商siang1（漳）、隱in2（漳）、五Gou2（唐
——疑古切）、柱Tu2（唐音——上聲七麌韻）
／chu7（俗音）、思Su3（仄聲）、蝴Hou5（正音）
／ou5（俗音）、鵑koan1（俗音）／Kian1（詩
韻）、藍Lam5（唐——魯甘切、下平十三覃
韻）、然lian5（亦可）

■ 詩韻

本詩仄起仄收，下平一先，首句用韻，韻腳：
絃、年、鵑、煙、然。

無　題
Bu5　Te5

李　商　隱
Li2　Siong1　Un2

昨　夜　星　辰　昨　夜　風　，
Chok8　ia7　seng1　sin5　chok8　ia7　hong1

畫　樓　西　畔　桂　堂　東　。
Hoa7　liu5　se1　poan7　kui3　tong5　tong1

身　無　彩　鳳　雙　飛　翼　，
Sin1　bu5　chhai2　hong7　song1　hui1　ek8

心　有　靈　犀　一　點　通　。
Sim1　iu2　leng5　se1　it4　tiam2　thong1

隔　座　送　鉤　春　酒　暖　，
Kek4　cho7　song3　kiu1　chhun1　chiu2　loan2

分　曹　射　覆　蠟　燈　紅　。
Hun1　cho5　sek8　hok4　lap8　teng1　hong5

嗟　余　聽　鼓　應　官　去　，
Chia1　u5　theng3　kou2　eng3　koan1　khu3

走　馬　蘭　臺　類　轉　蓬　。
Cho2　ma2　lan5　tai5　lui7　choan2　pong5

唐詩正韻 *(律詩)*

■ 平仄與吟唱重點（42244224／韻腳）

1.昨夜星辰昨夜風

・平聲字：星、辰、風

・關鍵字／韻腳字：辰、風（各加一拍）

2.畫樓西畔桂堂東

・平聲字：樓、西、堂、東

・關鍵字／韻腳字：樓、東（各加一拍）

3.身無彩鳳雙飛翼

・平聲字：身、無、雙、飛

・關鍵字：無、飛（各加一拍）

4.心有靈犀一點通

・平聲字：心、靈、犀、通

・關鍵字／韻腳字：犀、通（各加一拍）

5.隔座送鉤春酒暖

・平聲字：鉤、春（各加一拍）

6.分曹射覆蠟燈紅

・平聲字：分、曹、燈、紅

・關鍵字／韻腳字：曹、紅（各加一拍）

7.嗟余聽鼓應官去

・平聲字：嗟、余、官

・關鍵字：余、官（各加一拍）

8.走馬蘭臺類轉蓬
　・平聲字：蘭、臺、蓬
　・關鍵字／韻腳字：臺、蓬（各加一拍）

■ 漳音與其他

題toe5（俗音）、畔phoan7 （亦可）、鉤Kou1
（本音）／Kiu1（詩韻）、余i5（漳）、應Eng3
（廣——於證切、去聲二十五徑切答也）、去khi3
（漳）、斷Toan7（另版）、蓬phong5（亦可）／
hong5（俗音）

■ 詩韻

本詩仄起仄收，上平一東，首句用韻，韻腳：
風、東、通、紅、蓬

無 題
Bu5　Te5

李　商　隱
Li2　Siong1　Un2

相　見　時　難　別　亦　難 ，
Siong1　kian2　si5　lan5　piat8　ek8　lan5

東　風　無　力　百　花　殘 。
Tong1　hong1　bu5　lek8　pek4　hoa1　chan5

春　蠶　到　死　絲　方　盡 ，
Chhun1　chham5　to2　su2　si1　hong1　chin7

蠟　炬　成　灰　淚　始　乾 。
Lap8　ku7　seng5　hai1　lui7　si2　kan1

曉　鏡　但　愁　雲　鬢　改 ，
Hiau2　keng3　tan7　chhiu5　un5　pin3　kai2

夜　吟　應　覺　月　光　寒 。
Ia7　gim5　eng1　kak4　goat8　kong1　han5

蓬　山　此　去　無　多　路 ，
Pong5　San1　chhu2　khu3　bu5　to1　lou7

青　鳥　殷　勤　爲　探　看 。
Chheng1　niau2　un1　khun5　ui7　tham3　khan1

■ 平仄與吟唱重點（42244224／韻腳）

1.相見時難別亦難
・平聲字：相、時、難
・關鍵字／韻腳字：難、難（各加一拍）

2.東風無力百花殘
・平聲字：東、風、無、花、殘
・關鍵字／韻腳字：風、殘（各加一拍）

3.春蠶到死絲方盡
・平聲字：春、蠶、絲、方
・關鍵字：蠶、方（各加一拍）

4.蠟炬成灰淚始乾
・平聲字：成、火、乾
・關鍵字／韻腳字：灰、乾（各加一拍）

5.曉鏡但愁雲鬢改
・平聲字：愁、雲（各加一拍）

6.夜吟應覺月光寒
・平聲字：吟、應、光、寒
・關鍵字／韻腳字：吟、寒（各加一拍）

7.蓬山此去無多路
・平聲字：蓬、山、無、多
・關鍵字：山、多（各加一拍）

8.青鳥殷勤為探看

 ・平聲字：青、殷、勤、為、看

 ・關鍵字／韻腳字：勤、看（各加一拍）

■ 漳音與其他

相siang1（漳）、蠶Cham5／chham5（皆可）、死si2（漳）、炬ki7（漳）、灰Hoe1（本音）／Hai1（詩韻）、淚le7（俗音）、雲in5（漳）／hun5（優勢俗音）、蓬Pong5／phong5（皆可）、此chhi2（漳）、去khi3（漳）、路Lu7（詩韻）、殷in1（漳）、勤khin5（漳）

■ 詩韻

本詩仄起仄收，上平十四寒，首句用韻，韻腳：難、殘、乾、寒、看。

貧　女
Pin5　Lu2

秦　韜　玉
Chin5　Tho1　Giok8

蓬　門　未　識　綺　羅　香　，
Pong5　bun5　bi7　sek4　khi2　lo5　hiong1

擬　託　良　媒　益　自　傷　。
Gi2　thok4　liong5　mui5　ek4　chu7　siong1

誰　愛　風　流　高　格　調　，
Sui5　ai3　hong1　liu5　ko1　kek4　tiau7

共　憐　時　世　儉　梳　妝　。
Kiong7　lian5　si5　se3　kiam2　sou1　chong1

敢　將　十　指　誇　鍼　巧　，
Kam2　chiong1　sip8　chi2　khoa1　chim1　khau2

不　把　雙　眉　鬥　畫　長　。
Put4　pa2　song1　bi5　tou3　hoa7　tiong5

苦　恨　年　年　壓　金　線　，
Khou2　hun7　lian5　lian5　ap4　kim1　sian3

爲　他　人　作　嫁　衣　裳　。
Ui7　tha1　jin5　chok4　ka3　i1　siong5

■ 平仄與吟唱重點（24422443／韻腳）

1.蓬門未識綺羅香
　‧平聲字：蓬、門、羅、香
　‧關鍵字／韻腳字：門、香（各加一拍）

2.擬託良媒益自傷
　‧平聲字：良、媒、傷
　‧關鍵字／韻腳字：媒、傷（各加一拍）

3.誰愛風流高格調
　‧平聲字：誰、風、流、高
　‧關鍵字：流、高（各加一拍）

4.共憐時世儉梳妝
　‧平聲字：憐、時、梳、妝
　‧關鍵字／韻腳字：憐、妝（各加一拍）

5.敢將十指誇鍼巧
　‧平聲字：將、誇、鍼
　‧關鍵字：將、鍼（各加一拍）

6.不把雙眉鬥畫長
　‧平聲字：雙、眉、長
　‧關鍵字／韻腳字：眉、長（各加一拍）

7.苦恨年年壓金線
　‧平聲字：年、金（各加一拍）

8.為他人作嫁衣裳

・平聲字：他、人、衣、裳

・關鍵字／韻腳字：人、裳（各加一拍）

■ 漳音與其他

女li2（漳）、蓬Pong5／phong5（皆可）、綺Khi2（上聲）、香hiang1（漳）、良liang5（漳）、媒Boe5／Moai5（皆可）、益Ek4／亦Ek4（另版）、傷siang1（漳）、憐Lian5（先韻）／Lin5（真韻）皆可、儉Kiam2（上聲二十八琰韻）／khiam7（俗音）、將chiang1（漳）、鬥tau3（白話不用於文讀）、長tiang5（漳）、恨hin7（漳）、他Tho1（廣——託何切，下平五歌韻）／tha1（白話音已成優勢）、人lin5（亦可）、裳siang5（漳）

■ 詩韻

本詩平起平收，下平七陽，首句用韻，韻腳：香、傷、妝、長、裳。

古 意 呈 補 闕 喬 知 之
Kou2 I3 Teng5 Pou2 Khoat4 Kiau5 Ti1 Chi1

沈 佺 期
Sim2 Choan5 Ki5

盧 家 少 婦 鬱 金 堂 ，
Lou5 ka1 siau3 hu7 ut4 kim1 tong5

海 燕 雙 棲 玳 瑁 梁 。
Hai2 ian3 song1 chhe1 tai7 bou7 liong5

九 月 寒 砧 催 木 葉 ，
Kiu2 goat8 han5 chim5 chhui1 bok8 iap8

十 年 征 戍 憶 遼 陽 。
Sip8 lian5 cheng1 su3 ek4 Liau5 Iong5

白 狼 河 北 音 書 斷 ，
Pek8 Long5 Ho5 pok4 im1 su1 toan7

丹 鳳 城 南 秋 夜 長 。
Tan1 hong7 seng5 lam5 chhiu1 ia7 tiong5

誰 謂 含 愁 獨 不 見 ，
Sui5 ui7 ham5 chhiu5 tok8 put4 kian3

更 教 明 月 照 流 黃 。
Keng3 kau1 beng5 goat8 chiau3 liu5 hong5

■ 平仄與吟唱重點（24422442／韻腳）

1.盧家少婦鬱金堂
   ・平聲字：盧、家、金、堂
   ・關鍵字／韻腳字：家、堂（各加一拍）

2.海燕雙棲玳瑁梁
   ・平聲字：雙、棲、梁
   ・關鍵字／韻腳字：棲、梁（各加一拍）

3.九月寒砧催木葉
   ・平聲字：寒、砧、催
   ・關鍵字：砧、催（各加一拍）

4.十年征戍憶遼陽
   ・平聲字：年、征、遼、陽
   ・關鍵字／韻腳字：年、陽（各加一拍）

5.白狼河北音書斷
   ・平聲字：狼、河、音、書
   ・關鍵字：狼、書（各加一拍）

6.丹鳳城南秋夜長
   ・平聲字：丹、城、南、秋、長
   ・關鍵字／韻腳字：南、長（各加一拍）

7.誰謂含愁獨不見
   ・平聲字：誰、含、愁

・關鍵字：愁（加一拍）

8.更教明月照流黃

　・平聲字：教、明、流、黃

　・關鍵字／韻腳字：教、黃（各加一拍）

■ 漳音與其他

呈theng5（泉）、堂Tong5（另版：香Hiong1）、
樓Se1／Chhe1（千西切）（皆可）、梁liang5（漳
——僅用於白話、押韻不宜）、砧Tim1（唐音）
／Chim1（皆可）、催Chhoe1／chhui1／Chhai1
（皆可）、戍si3（漳）、陽iang5（漳）、北Pek4
（詩韻）、書si1（漳）、長tiang5（漳）、教Kau1
（本詩平聲）／Kau3（仄聲不用於此）

■ 詩韻

本詩平起平收，下平七陽，首句用韻，韻腳：
堂、梁、陽、長、黃。

五律

望　月　懷　遠
Bong7　Goat8　Hoai5　Oan2

張　九　齡
Tiong1　Kiu2　Leng5

海	上	生	明	月	，
Hai2	siong7	seng1	beng5	goat8	

天	涯	共	此	時	。
Thian1	gai5	kiong7	chhu2	si5	

情	人	怨	遙	夜	，
Cheng5	jin5	oan3	iau5	ia7	

竟	夕	起	相	思	。
Keng3	sek8	khi2	siong1	si1	

滅	燭	憐	光	滿	，
Biat8	chiok4	lian5	kong1	boan2	

披	衣	覺	露	滋	。
Phi1	i1	kak4	lou7	chi1	

不	堪	盈	手	贈	，
Put4	kham1	eng5	siu2	cheng3	

還	寢	夢	佳	期	。
Hoan5	chhim2	bong7	ka1	ki5	

■ 平仄與吟唱重點（42244224／韻腳）

1.海上生明月
　・平聲字／關鍵字：生、明（各加一拍）

2.天涯共此時
　・平聲字：天、涯、時
　・關鍵字／韻腳字：涯、時（各加一拍）

3.情人怨遙夜
　・平聲字：情、人、遙
　・關鍵字：人、遙（各加一拍）

4.竟夕起相思
　・平聲字：相、思
　・關鍵字／韻腳字：相、思（各加一拍）

5.滅燭憐光滿
　・平聲字／關鍵字：憐、光（各加一拍）

6.披衣覺露滋
　・平聲字：披、衣、滋
　・關鍵字／韻腳字：衣、滋（各加一拍）

7.不堪盈手贈
　・平聲字／關鍵字：堪、盈（各加一拍）

8.還寢夢佳期
　・平聲字：還、佳、期

・關鍵字／韻腳字：佳、期（各加一拍）

■ 漳音與其他

張TiuN1（姓氏俗音可用）、上siang7（漳）、涯Gai5（佳韻）／Ga5（麻韻）／Gi5（支韻）、此chhi2（漳）、人lin5（亦可）、相siang1（漳）、思su1（泉）／Si1（詩韻）、滋chu1（泉）／Chi1（唐——子之切、上平四支韻）、贈Cheng3（仄聲）

■ 詩韻

本詩仄起仄收，上平四支，首句不用韻，韻腳：時、思、滋、期。

註：

(1)Ou＝Oo＝O˙＝圓口ㄛ（音如唸姑、鼓、顧、故、庫的ㄛ）

(2)吟唱重點「42244224」指首句第4字「明」、次句第2字「涯」、三句第2字「人」、四句第4字「相」、五句第4字「光」、六句第2字「衣」、七句第2字「堪」、末句第4字「佳」是平聲，這些仄起仄收句關鍵平聲字再配合韻腳各加一拍便成吟調。

杜 少 府 之 任 蜀 州
Tou7　Siau3　Hu2　Chi1　Jim7　Siok8　Chiu1

王　勃
Ong5　Put8

城　闕　輔　三　秦　，
Seng5　khoat4　hu2　sam1　Chhin5

風　煙　望　五　津　。
Hong1　ian1　bong7　Ngou2　chin1

與　君　離　別　意　，
U2　kun1　li5　piat8　i3

同　是　宦　遊　人　。
Tong5　si7　hoan3　iu5　jin5

海　內　存　知　己　，
Hai2　loe7　chun5　ti1　ki2

天　涯　若　比　鄰　。
Thian1　gai5　jiok8　pi7　lin5

無　爲　在　歧　路　，
Bu5　ui5　chai7　ki5　lou7

兒　女　共　霑　巾　。
Ji5　lu2　kiong7　tiam1　kin1

■ 平仄與吟唱重點（42244224／韻腳）

1. 城闕輔三秦
   · 平聲字：城、三、秦
   · 關鍵字／韻腳字：三、秦（各加一拍）

2. 風煙望五津
   · 平聲字：風、煙、津
   · 關鍵字／韻腳字：煙、津（各加一拍）

3. 與君離別意
   · 平聲字／關鍵字：君、離（各加一拍）

4. 同是宦遊人
   · 平聲字：同、遊、人
   · 關鍵字／韻腳字：遊、人（各加一拍）

5. 海內存知己
   · 平聲字／關鍵字：存、知（各加一拍）

6. 天涯若比鄰
   · 平聲字：天、涯、鄰
   · 關鍵字／韻腳字：涯、鄰（各加一拍）

7. 無為在歧路
   · 平聲字：無、為、歧
   · 關鍵字：為、歧（各加一拍）

8. 兒女共霑巾

‧平聲字：兒、霑、巾

‧關鍵字／韻腳字：霑、巾（各加一拍）

■ 漳音與其他

任lim7（亦可）、五Ngou2（亦可）／Gou2（唐
——疑古切上聲七麌韻）、津Chin1（唐）——將
鄰切／（集）資辛切／（彙）曾巾切（上平十一
真韻）／tin1（俗音）、與i2（漳）、人lin5（亦
可）、比Pi7（集——毗義切，去聲四真韻，近
也）、兒li5（亦可）、女li2（漳）、巾kun1（泉音
——用於白話，此處不宜）

■ 詩韻

本詩仄起仄收，上平十一真，首句用韻，韻腳：
秦、津、人、鄰、巾。

在 獄 詠 蟬
Chai7 Giok8 Eng7 Sian5

駱 賓 王
Lok8 Pin1 Ong5

西	陸	蟬	聲	唱	，
Se1	liok8	sian5	seng1	chhiong3	

南	冠	客	思	侵	。
Lam5	koan1	khek4	su3	chhim1	

那	堪	玄	鬢	影	，
Nou5	kham1	hian5	pin3	eng2	

來	對	白	頭	吟	。
Lai5	tui3	pek8	thiu5	gim5	

露	重	飛	難	進	，
Lou7	tiong7	hui1	lan5	chin3	

風	多	響	易	沉	。
Hong1	to1	hiong2	i7	tim5	

無	人	信	高	潔	，
Bu5	jin5	sin3	ko1	kiat4	

誰	爲	表	予	心	。
Sui5	ui7	pian2	u5	sim1	

■ 平仄與吟唱重點（42244224／韻腳）

1.西陸蟬聲唱
　・平聲字：西、蟬、聲
　・關鍵字：蟬、聲（各加一拍）

2.南冠客思侵
　・平聲字：南、冠、侵
　・關鍵字／韻腳字：冠、侵（各加一拍）

3.那堪玄鬢影
　・平聲字：那（平仄雙用）、堪、玄
　・關鍵字：堪、玄（各加一拍）

4.來對白頭吟
　・平聲字：來、頭、吟
　・關鍵字／韻腳字：頭、吟（各加一拍）

5.露重飛難進
　・平聲字／關鍵字：飛、難（各加一拍）

6.風多響易沉
　・平聲字：風、多、沉
　・關鍵字／韻腳字：多、沉（各加一拍）

7.無人信高潔
　・平聲字：無、人、高
　・關鍵字：人、高（各加一拍）

8.誰為表予心

・平聲字：誰、予、心

・關鍵字／韻腳字：予、心（各加一拍）

■ 漳音與其他

唱chhiang3（漳）、思si3（漳）、那Lo5（本音）／na2（亦可）、頭Thou5（正）／thiou5（泉）（皆可）、重tiang7（漳）、響hiang2（漳）、人lin5（亦可）、予i5（漳）

■ 詩韻

本詩仄起仄收，下平十二侵，首句不用韻，韻腳：侵、吟、沉、心。

贈 孟 浩 然
Cheng7 Beng7 Ho7 Jian5

李 白
Li2 Pek8

吾 Gou5	愛 ai3	孟 Beng7	夫 Hu1	子 Chu2	，
風 Hong1	流 liu5	天 thian1	下 ha7	聞 bun5	。
紅 Hong5	顏 gan5	棄 khi3	軒 hian1	冕 bian2	，
白 Pek8	首 siu2	臥 gou7	松 siong5	雲 un5	。
醉 Chui3	月 goat8	頻 pin5	中 tiong3	聖 seng3	，
迷 Be5	花 hoa1	不 put4	事 su7	君 kun1	。
高 Ko1	山 san1	安 an1	可 kho2	仰 giong2	，
徒 Tou5	此 chhu2	把 ip4	清 chheng1	芬 hun1	。

■ 平仄與吟唱重點（42240224／韻腳）

1. 吾愛孟夫子
   ・平聲字／關鍵字：吾、夫（各加一拍）
2. 風流天下聞
   ・平聲字：風、流、天、聞
   ・關鍵字／韻腳字：流、聞（各加一拍）
3. 紅顏棄軒冕
   ・平聲字：紅、顏、軒
   ・關鍵字：顏、軒（各加一拍）
4. 白首臥松雲
   ・平聲字：松、雲
   ・關鍵字／韻腳字：松、雲（各加一拍）
5. 醉月頻中聖
   ・平聲字／關鍵字：頻（加一拍）
6. 迷花不事君
   ・平聲字：迷、花、君
   ・關鍵字／韻腳字：花、君（各加一拍）
7. 高山安可仰
   ・平聲字：高、山、安
   ・關鍵字：山、安（各加一拍）
8. 徒此挹清芬

・平聲字：徒、清、芬

・關鍵字／韻腳字：清、芬

■ 漳音與其他

吾Ngou5（亦可）、子Chi2（詩韻／漳音）、臥
Ngou7（亦可）、雲in5（漳）／hun5（漳泉強勢
俗音）、中tiang3（漳）、事Si7（詩韻）、此chhi2
（漳）

■ 詩韻

本詩仄起仄收，上平十二文，首句不用韻，韻
腳：聞、雲、君、芬。

送　友　人
Song3　Iu2　Jin5

李　　白
Li2　Pek8

青	山	横	北	郭	，
Cheng1	san1	heng5	pok4	kok4	

白	水	繞	東	城	。
Pek8	sui2	jiau2	tong1	seng5	

此	地	一	爲	別	，
Chhu2	te7	it4	ui5	piat8	

孤	蓬	萬	里	征	。
Kou1	pong5	ban7	li2	cheng1	

浮	雲	遊	子	意	，
Hiu5	un5	iu5	chu2	i3	

落	日	故	人	情	。
Lok8	jit8	kou3	jin5	cheng5	

揮	手	自	兹	去	，
Hu1	siu2	chu7	chu1	khu3	

蕭	蕭	斑	馬	鳴	。
Siau1	siau1	pan1	ma2	beng5	

■ 平仄與吟唱重點（24422442／韻腳）

1.青山橫北郭
・平聲字：青、山、橫
・關鍵字：山、橫（各加一拍）

2.白水繞東城
・平聲字：東、城
・關鍵字／韻腳字：東、城（各加一拍）

3.此地一為別
・平聲字／關鍵字：為（加一拍）

4.孤蓬萬里征
・平聲字：孤、蓬、征
・關鍵字／韻腳字：蓬、征（各加一拍）

5.浮雲遊子意
・平聲字：浮、雲、遊
・關鍵字：雲、遊（各加一拍）

6.落日故人情
・平聲字：人、情
・關鍵字／韻腳字：人、情（各加一拍）

7.揮手自茲去
・平聲字：揮、茲
・關鍵字：茲（加一拍）

8.蕭蕭斑馬鳴

- 平聲字：蕭、斑、鳴
- 關鍵字／韻腳字：蕭、鳴（各加一拍）

■ 漳音與其他

北Pek4（詩韻）／Pok4（非韻腳強勢音）、繞liau2（亦可）、此chhi2（漳）、蓬Phong5（亦可）／hong5（俗音）、浮hu5（亦可）／Hiu5（詩韻）、雲in5（漳）／hun5（俗音）、子Chi2（詩韻）、日lit8（亦可）、人lin5（亦可）、手chhiu2（白話不宜文讀）、自Chi7（詩韻——去聲四寘）、茲Chi1（詩韻——上平四支）／chu1（泉）、去khi3（漳）

■ 詩韻

本詩平起平收，下平八庚，首句不用韻，韻腳：城、征、情、鳴。

註：

　　吟唱重點「24422442」指首句第2字「山」，次句第4字「東」、三句第4字「為」、四句第2字「蓬」、五句第2字「雲」、六句第4字「人」、七句第4

字「茲」、末句第2字「蕭」，平起平收句重點平聲字
配合韻腳各加一拍吟唱，即立成調。

春　望
Chhun1 Bong7

杜　甫
Tou7　Hu2

國	破	山	河	在	，
Kok4	pho3	san1	ho5	chai7	
城	春	草	木	深	。
Seng5	chhun1	chho2	bok8	sim1	
感	時	花	濺	淚	，
Kam2	si5	hoa1	chian7	lui7	
恨	別	鳥	驚	心	。
Hun7	piat8	niau2	keng1	sim1	
烽	火	連	三	月	，
Hong1	hou2	lian5	sam1	goat8	
家	書	抵	萬	金	。
Ka1	su1	ti2	ban7	kim1	
白	頭	搔	更	短	，
Pek8	thiu5	so1	keng3	toan2	
渾	欲	不	勝	簪	。
Hun5	iok8	put4	seng1	chim1	

■ 平仄與吟唱重點（42244224／韻腳）

1.國破山河在
 ・平聲字：山、河

2.城春草木深
 ・平聲字：城、春、深
 ・關鍵字／韻腳字：春、深（各加一拍）

3.感時花濺淚
 ・平聲字：時、花（各加一拍）

4.恨別鳥驚心
 ・平聲字：驚、心
 ・關鍵字／韻腳字：驚、心（各加一拍）

5.烽火連三月
 ・平聲字：烽、連、三
 ・關鍵字：連、三（各加一拍）

6.家書抵萬金
 ・平聲字：家、書、金
 ・關鍵字／韻腳字：書、金（各加一拍）

7.白頭搔更短
 ・平聲字：頭、搔（各加一拍）

8.渾欲不勝簪
 ・平聲字：渾、勝、簪

・關鍵字／韻腳字：勝、簪（各加一拍）

■ 漳音與其他

深Sim1（詩韻）／chhim1（俗音）、淚le7（優勢吟唱俗音）、恨hin7（漳）、書si1（漳）、抵Te2（詩韻——（廣）都禮切薺上）／ti2（優勢俗音）、頭Thou5／thiou5（亦見用於非韻腳字）、欲iak8（漳）

■ 詩韻

本詩仄起仄收，下平十二侵，首句不用韻，韻腳：深、心、金、簪。

旅 夜 書 懷
Lu2　Ia7　Su1　Hoai5

杜　甫
Tou7　Hu2

細	草	微	風	岸	，
Se3	chho2	bi5	hong1	gan7	
危	檣	獨	夜	舟	。
Gui5	chhiong5	tok8	ia7	chiu1	
星	垂	平	野	闊	，
Seng1	sui5	peng5	ia2	khoat4	
月	湧	大	江	流	。
Goat8	iong2	tai7	kang1	liu5	
名	豈	文	章	著	，
Beng5	khi2	bun5	chiong1	tu3	
官	因	老	病	休	。
Koan1	in1	lo2	peng7	hiu1	
飄	飄	何	所	似	，
Phiau1	phiau1	ho5	sou2	su7	
天	地	一	沙	鷗	。
Thian1	te7	it4	sa1	iu1	

■ 平仄與吟唱重點（42244224／韻腳）

1.細草微風岸

・平聲字／關鍵字：微、風（各加一拍）

2.危檣獨夜舟

・平聲字：危、檣、舟

・關鍵字／韻腳字：檣、舟（各加一拍）

3.星垂平野闊

・平聲字：星、垂、平

・關鍵字：垂、平（各加一拍）

4.月湧大江流

・平聲字：江、流

・關鍵字／韻腳字：江、流（各加一拍）

5.名豈文章著

・平聲字：名、文、章

・關鍵字：文、章（各加一拍）

6.官因老病休

・平聲字：官、因、休

・關鍵字／韻腳字：官、休（各加一拍）

7.飄飄何所似

・平聲字／關鍵字：飄、何（各加一拍）

8.天地一沙鷗

- ・平聲字：天、沙、鷗
- ・關鍵字／韻腳字：沙、鷗（各加一拍）

■ **漳音與其他**

檣chhiang5（漳）、江Kong1（詩韻）、章chiang1
（漳）、著ti3（漳）、老Nou2（亦可）、似Si2（唐
——詳里切、上聲四紙詩韻）／su7（優勢泉音
——非韻腳可用）、鷗Ou1（正）烏侯切／（辭）
阿鉤切（本音）／Iu1（下平十一尤詩韻）／
iou1（泉）

■ **詩韻**

本詩仄起仄收，下平十一尤，首句不用韻，韻
腳：舟、流、休、鷗。

登　岳　陽　樓
Teng1　Gak8　Iong5　Liu5

杜　　甫
Tou7　　Hu2

昔　聞　洞　庭　水　，
Sek4　bun5　Tong7　Teng5　sui2

今　上　岳　陽　樓　。
Kim1　siong2　Gak8　Iong5　Liu5

吳　楚　東　南　坼　，
Gou5　Chhou2　tong1　lam5　thek4

乾　坤　日　夜　浮　。
Khian5　khun1　jit8　ia7　hiu5

親　朋　無　一　字　，
Chhin1　peng5　bu5　it4　chu7

老　病　有　孤　舟　。
Lo2　peng7　iu2　kou1　chiu1

戎　馬　關　山　北　，
Jiong5　ma2　koan1　san1　pok4

憑　軒　涕　泗　流　。
Peng5　hian1　the3　su3　liu5

■ 平仄與吟唱重點（24422442／韻腳）

1.昔聞洞庭水
　‧平聲字：聞、庭
　‧關鍵字：聞、庭（各加一拍）

2.今上岳陽樓
　‧平聲字：今、陽、樓
　‧關鍵字／韻腳字：陽、樓（各加一拍）

3.吳楚東南坼
　‧平聲字：吳、東、南
　‧關鍵字：東、南（各加一拍）

4.乾坤日夜浮
　‧平聲字：乾、坤、浮
　‧關鍵字／韻腳字：坤、浮（各加一拍）

5.親朋無一字
　‧平聲字：親、朋、無
　‧關鍵字：朋、無（各加一拍）

6.老病有孤舟
　‧平聲字：孤、舟
　‧關鍵字／韻腳字：孤、舟（各加一拍）

7.戎馬關山北
　‧平聲字：戎、關、山

・關鍵字：關、山（各加一拍）

8.憑軒涕泗流

・平聲字：憑、軒、流

・關鍵字／韻腳字：軒、流（各加一拍）

■ 漳音與其他

上siang2（漳）、陽iang5（漳）、樓Liu5（詩韻）
／Lou5（本音）／liou5（泉）、吳Ngou5（亦
可）、日lit8（亦可）、字Chi7（唐——疾置切／
去聲四寘切）／chu7（泉俗音）、老Nou2（亦
可）、北Pek4（詩韻）、四Si3（去聲四寘韻／漳
音）／su3（泉）、軒ian1（俗音）

■ 詩韻

本詩平起平收，下平十一尤，首句不用韻，韻
腳：樓、浮、舟、流。

輞　川　閒　居　贈　裴
Bong2 Chhoan1 Han5　Ku1　Cheng7 Poe5

秀　才　迪
Siu3　Chai5　Tek8

　　　　王　　維
　　　　Ong5　Ui5

寒　山　轉　蒼　翠　，
Han5　san1　choan2 chhong1 chhui3

秋　水　日　潺　湲　。
Chhiu1 sui2　jit8　chhan1 ian5

倚　杖　柴　門　外　，
I2　tiong7 chhai5 bun5　goe7

臨　風　聽　暮　蟬　。
Lim5　hong1 theng3 bou7　sian5

渡　頭　餘　落　日　，
Tou7　thiu5　u5　lok8　jit8

墟　里　上　孤　煙　。
Khu1　li2　siong2 kou1　ian1

復　值　接　輿　醉　，
Hiu3　ti7　Chiap4　U5　chui3

狂　歌　五　柳　前　。
Kong5　ko1　Ngou2　liu2　chian5

■ 平仄與吟唱重點（24422442／韻腳）

1.寒山轉蒼翠
　・平聲字：寒、山、蒼
　・關鍵字：山、蒼（各加一拍）

2.秋水日潺湲
　・平聲字：秋、潺、湲
　・關鍵字／韻腳字：潺、湲（各加一拍）

3.倚杖柴門外
　・平聲字／關鍵字：柴、車（各加一拍）

4.臨風聽暮蟬
　・平聲字：臨、風、蟬
　・關鍵字／韻腳字：風、蟬（各加一拍）

5.渡頭餘落日
　・平聲字／關鍵字：頭、餘（各加一拍）

6.墟里上孤煙
　・平聲字：墟、孤、煙
　・關鍵字／韻腳字：孤、煙

7.復值接輿醉
　・平聲字／關鍵字：輿（加一拍）

8.狂歌五柳前

・平聲字：狂、歌、前

・關鍵字／韻腳字：歌、前

■ 漳音與其他

日lit8（亦可）、杖tiang7（漳）、聽Theng3（廣
——他定切，去聲二十五徑韻）、頭Thou5／
Thiu5（下平十一尤詩韻）／thiou5（泉）、餘i5
（漳）、墟Khu1（唐——去魚切平）／hu1（泉）
／hi1（漳）

■ 詩韻

本詩平起平收，下平十一尤，首句不用韻，韻
腳：湲、蟬、煙、前。

山　居　秋　暝
San1　Ku1　Chhiu1　Beng7

王　維
Ong5　Ui5

空　山　新　雨　後　，
Khong1　san1　sin1　u2　hou7

天　氣　晚　來　秋　。
Thian1　khi3　boan2　lai5　chhiu1

明　月　松　間　照　，
Beng5　goat8　siong5　kan1　chiau3

清　泉　石　上　流　。
Chheng1　choan5　sek8　siong7　liu5

竹　喧　歸　浣　女　，
Tiok4　soan1　kui1　oan2　lu2

蓮　動　下　漁　舟　。
Lian5　tong7　ha3　gu5　chiu1

隨　意　春　芳　歇　，
Sui5　i3　chhun1　hong1　hiat4

王　孫　自　可　留　。
Ong5　sun1　chu7　kho2　liu5

■ 平仄與吟唱重點（24422442／韻腳）

1.空山新雨後
・平聲字：空、山、新
・關鍵字：山、新（各加一拍）

2.天氣晚來秋
・平聲字：天、來、秋
・關鍵字／韻腳字：來、秋（各加一拍）

3.明月松間照
・平聲字：明、松、間
・關鍵字：松、間（各加一拍）

4.清泉石上流
・平聲字：清、泉、流
・關鍵字／韻腳字：泉、流（各加一拍）

5.竹喧歸浣女
・平聲字／關鍵字：喧、歸（各加一拍）

6.蓮動下漁舟
・平聲字：蓮、漁、舟
・關鍵字／韻腳字：漁、舟（各加一拍）

7.隨意春芳歇
・平聲字：隨、春、芳
・關鍵字：春、芳

8.王孫自可留

・平聲字：王、孫、留

・關鍵字／韻腳字：孫、留（各加一拍）

■ 漳音與其他

居ki1（漳）、暝Beng7（徑去──（集）莫定切）、維Ui5／I5（皆可）、雨i2（漳）、後hiou7（泉）、上siang7（漳）、女li2（漳）、漁gi5（漳）

■ 詩韻

本詩平起平收，下平十一尤，首句不用韻，韻腳：秋、流、舟、留。

終 南 別 業
Chiong1 Lam5 Piat8 Giap8

王 維
Ong5 Ui5

中 歲 頗 好 道 ，
Tiong1 soe3 phou2 ho3 to7

晚 家 南 山 陲 。
Boan2 ka1 Lam5 San1 sui5

興 來 每 獨 往 ，
Heng3 lai5 boe2 tok8 ong2

勝 事 空 自 知 。
Seng3 su7 khong1 chu7 ti1

行 到 水 窮 處 ，
Heng5 to3 sui2 kiong5 chhu3

坐 看 雲 起 時 。
Cho7 khan1 un5 khi2 si5

偶 然 值 林 叟 ，
Gou2 jian5 ti7 lim5 sou2

談 笑 無 還 期 。
Tam5 chhiau3 bu5 hoan5 ki5

■ 平仄與吟唱重點

1. 中歲頗好道
   ・平聲字／關鍵字：中
2. 晚家南山陲
   ・平聲字：家、南、山、陲
   ・關鍵字／韻腳字：家、陲（各加一拍）
3. 興來每獨往
   ・平聲字／關鍵字：來（加一拍）
4. 勝事空自知
   ・平聲字：空、知
   ・關鍵字／韻腳字：空、知（各加一拍）
5. 行到水窮處
   ・平聲字／關鍵字：行、窮（各加一拍）
6. 坐看雲起時
   ・平聲字：看、雲、時
   ・關鍵字／韻腳字：看、時（各加一拍）
7. 偶然值林叟
   ・平聲字／關鍵字：然、林（各加一拍）
8. 談笑無還期
   ・平聲字：談、無、還、期
   ・關鍵字／韻腳字：還、期（各加一拍）

■ 漳音與其他

頗Phou2（廣——普火切、智上、多也、差多
也）、好HouN3（亦可）、興Heng3（廣——許應
切、徑去）、每Boe2／moai2／mui2（皆可）、偶
Ngou2／giou2（亦可）、值Ti7（直吏切音治、遇
也）、笑Siau3（正音）／chhiau3（俗音）

■ 詩韻

本詩不按格律，吟唱唯按平仄，上平四支，首句
不用韻，韻腳：睡、知、時、期。

望 洞 庭 湖 贈 張 丞 相
Bong7 Tong7 Teng5 Hou5 Cheng7 Tiong1 Seng5 Siong3

孟 浩 然
Beng7 Ho7 Jian5

八	月	湖	水	平	，
Pat4	goat8	hou5	sui2	peng5	

涵	虛	混	太	清	。
Ham5	hu1	hun3	thai3	chheng1	

氣	蒸	雲	夢	澤	，
Khi3	cheng1	un5	bong7	tek8	

波	撼	岳	陽	城	。
Pho1	ham2	Gak8	Iong5	Seng5	

欲	濟	無	舟	楫	，
Iok8	che3	bu5	chiu1	chip8	

端	居	恥	聖	明	。
Toan1	ku1	thi2	seng3	beng5	

坐·	觀	垂	釣	者	，
Cho7	koan1	sui5	tiau3	chia2	

空	有	羨	魚	情	。
Khong1	iu2	sian7	gu5	cheng5	

■ 平仄與吟唱重點（32244224／韻腳）

1. 八月湖水平
   - 平聲字：湖、平
   - 關鍵字／韻腳字：湖、平（各加一拍）
2. 涵虛混太清
   - 平聲字：涵、虛、清
   - 關鍵字／韻腳字：虛、清（各加一拍）
3. 氣蒸雲夢澤
   - 平聲字／關鍵字：蒸、雲（各加一拍）
4. 波撼岳陽城
   - 平聲字：波、陽、城
   - 關鍵字／韻腳字：陽、城（各加一拍）
5. 欲濟無舟楫
   - 平聲字／關鍵字：無、舟（各加一拍）
6. 端居恥聖明
   - 平聲字：端、居、明
   - 關鍵字／韻腳字：居、明（各加一拍）
7. 坐觀垂釣者
   - 平聲字／關鍵字：觀、垂（各加一拍）
8. 空有羨魚情
   - 平聲字：空、魚、情

・關鍵字／韻腳字：魚、情（各加一拍）

■ 漳音與其他

張TiuN1（姓氏俗音可用）、湖ou5（俗音）、涵Ham5（廣——胡南切下平十三覃韻）、虛hi1（漳）、雲in5（漳）／hun5（優勢俗音）、陽iang5（漳）、居ki1（漳）、魚gi5（漳）

■ 詩韻

本詩仄起仄收，下平八庚，首句用韻，韻腳：平、清、城、明、情。

註：

反切以「胡」為聲母時，應唸Hou5如胡椒之胡，唸俗音ou5則切不出聲。

過 故 人 莊
Ko1　Kou2　Jin5　Chong1

孟 浩 然
Beng7　Ho7　Jian5

故　　人　　具　　雞　　黍　　，
Kou2　jin5　ku7　ke1　su2

邀　　我　　至　　田　　家　　。
Iau1　go2　chi2　tian5　ka1

綠　　樹　　村　　邊　　合　　，
Liok8　su7　chhun1　pian1　hap8

青　　山　　郭　　外　　斜　　。
Chheng1　san1　kok4　goe7　sia5

開　　軒　　面　　場　　圃　　，
Khai1　hian1　bian7　tiong5　phou2

把　　酒　　話　　桑　　麻　　。
Pa2　chiu2　hoa7　song1　ba5

待　　到　　重　　陽　　日　　，
Tai7　to3　Tiong5　Iong5　jit8

還　　來　　就　　菊　　花　　。
Hoan5　lai5　chiu7　kiok4　hoa1

119

唐詩正韻（律詩）

■ 平仄與吟唱重點（24422442／韻腳）

1. 故人具雞黍
 ・平聲字：人、雞
 ・關鍵字：人、雞（各加一拍）

2. 邀我至田家
 ・平聲字：邀、田、家
 ・關鍵字／韻腳字：田、家（各加一拍）

3. 綠樹村邊合
 ・平聲字：村、邊
 ・關鍵字：村、邊（各加一拍）

4. 青山郭外斜
 ・平聲字：青、山、斜
 ・關鍵字／韻腳字：山、斜（各加一拍）

5. 開軒面場圃
 ・平聲字：開、軒、場
 ・關鍵字：軒、場（各加一拍）

6. 把酒話桑麻
 ・平聲字：桑、麻
 ・關鍵字／韻腳字：桑、麻（各加一拍）

7. 待到重陽日
 ・平聲字：重、陽

・關鍵字：重、陽（各加一拍）

8.還來就菊花

・平聲字：還、來、花

・關鍵字／韻腳字：來、花（各加一拍）

■ 漳音與其他

具ki7（漳）、雞koe1（泉）／Ke1（廣──古奚切、上平八齊韻）、黍si2（漳）、我Ngou2（亦可）、軒ian1（俗音）、重tiang5（漳）、陽iang5（漳）

■ 詩韻

本詩平起平收，下平六麻，首句不用韻，韻腳：家、斜、麻、花。

註：

遵照教育部頒布──白ㄅㄛˊ唸ㄅㄞˊ、北ㄅㄛˊ唸ㄅㄟˇ、過ㄍㄜˋ唸ㄍㄨㄛˋ、還ㄏㄞˊ唸ㄏㄢˊ……等

賦　得　古　原　草　送　別
Hu3　Tek4　Kou2　Goan5　Chho2　Song3　Piat8

白　居　易
Pek8　Ku1　I7

離	離	原	上	草	，
Li5	li5	goan5	siong7	chho2	

一	歲	一	枯	榮	。
It4	soe3	it4	khou1	eng5	

野	火	燒	不	盡	，
Ia2	hou2	siau1	put4	chin7	

春	風	吹	又	生	。
Chhun1	hong1	chhui3	iu7	seng1	

遠	芳	侵	古	道	，
Oan2	hong1	chhim1	kou2	to7	

晴	翠	接	荒	城	。
Cheng5	chhui3	chiap4	hong1	seng5	

又	送	王	孫	去	，
Iu7	song3	ong5	sun1	khu3	

萋	萋	滿	別	情	。
Chhe1	chhe1	boan2	piat8	cheng5	

■ 平仄與吟唱重點（24322442／韻腳）

1. 離離原上草
 ・平聲字：離、原
 ・關鍵字：離、原（各加一拍）

2. 一歲一枯榮
 ・平聲字：枯、榮
 ・關鍵字／韻腳字：枯、榮（各加一拍）

3. 野火燒不盡
 ・平聲字／關鍵字：燒（加一拍）

4. 春風吹又生
 ・平聲字：春、風、生
 ・關鍵字／韻腳字：風、生（各加一拍）

5. 遠芳侵古道
 ・平聲字／關鍵字：芳、侵（各加一拍）

6. 晴翠接荒城
 ・平聲字／韻腳字：晴、荒、城
 ・關鍵字：荒、城（各加一拍）

7. 又送王孫去
 ・平聲字／關鍵字：王、孫（各加一拍）

8. 萋萋滿別情
 ・平聲字／韻腳字：萋、情

唐詩正韻 *(律詩)*

．關鍵字／韻腳字：萋、情（各加一拍）

■ 漳音與其他

居ki1（漳）、上siang7（漳）、枯Khou1（唐——
苦胡切）／kou1（俗音）、火houN2（亦可）、吹
Chhui3（廣——尺偽切／去聲四寘韻）

■ 詩韻

本詩平起平收，下平八庚，首句不用韻，韻腳：
榮、生、城、情。

常態性上課定點！！

愛好中華文化的朋友們：

　　語文學泰斗黃冠人老師對河洛漢音的推廣不遺餘力，並獲得廣大的回響及好評。爲了讓更多人能學習河洛漢音，領略中國語文之美。下面提供黃冠人老師常態性上課的地點，希望愛好者能就近參與課程的研習。

＊臺北保安宮

|研習地點|：臺北市大同區哈密街61號

|聯絡電話|：（02）2595-1676

|交通方式|：圓山捷運站下車

＊臺北孔子廟

|研習地點|：臺北市大同區大龍街275號

|聯絡電話|：（02）2598-9181

|交通方式|：圓山捷運站下車

＊臺北文山社區大學

| 研習地點 |：臺北市文山區木柵路三段102巷12號

| 聯絡電話 |：（02）2234-2238

| 交通方式 |：木柵捷運站下車

＊臺北士林社區大學

| 研習地點 |：臺北市士林區承德路四段177號

| 聯絡電話 |：（02）2880-6580

| 交通方式 |：劍潭捷運站下車

＊新店崇光社區大學

| 研習地點 |：臺北縣新店市三民路19號

| 聯絡電話 |：（02）2519-3318

| 交通方式 |：新店市公所捷運站下車

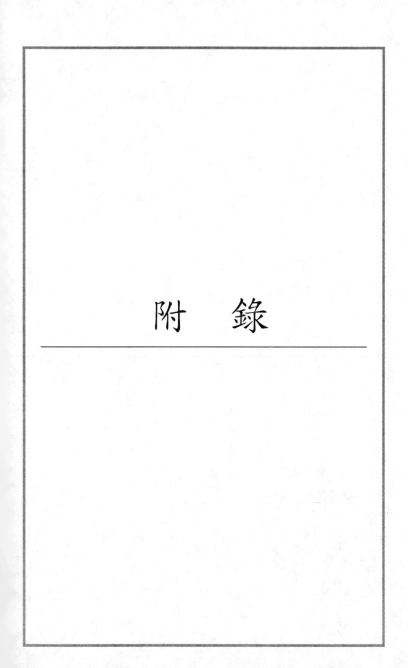

附　錄

作者與CD參與者簡介

黃冠人

・學歷	國立政治大學西洋文學系		
	美國鳳凰城大學企研所		
・經歷	台北市讀經協會		理事
	中華民國傳統詩學會		監事
・現任	中華民國傳統詩學會		常務理事
・著作	名詩吟唱	平面書	樟樹
	唐詩天籟	有聲書	萬卷樓
	高中國文	有聲書	翰林
	高中國文	有聲書	南一
	國中國文	有聲書	南一

王孟玲	工程設計	漢學老師
陳麗珠	詩歌花藝	母語老師
胡秋美	詩歌吟唱	輔導老師
侯麗美	愛心志工	吟唱老師
張秀枝	聲樂研究	業餘老師

CD曲目

| 七律 | *1* |

1.前言

2.黃鶴樓／崔顥

3.登金陵鳳凰臺／李白

4.蜀相／杜甫

5.客至／杜甫

6.聞官軍收河南河北／杜甫

7.登高／杜甫

8.詠懷古跡（其三）／杜甫

9.詠懷古跡（其五）／杜甫

| 七律 | *2* |

1.西塞山懷古／劉禹錫

2.遣悲懷／元稹

3.自河南經亂關內阻饑兄弟離散各在一處因望月
有感聊書所懷寄上浮梁大兄於潛七兄烏江十五
兄兼示符離及下邽弟妹／白居易

4.終南別業／王維

5.望洞庭湖贈張丞相／孟浩然

6.過故人莊／孟浩然

7.賦得古原草送別／白居易

國家圖書館出版品預行編目資料

唐詩正韻‧律詩／黃冠人製作. --初版.

--臺北市：萬卷樓, 民 92

面；　　公分

ISBN 957-739-439-6(平裝附光碟片)

1.詩文吟唱

915.18　　　　　　　　　　　92005842

唐詩正韻(律詩)(一書 4CD)

製 作 者	黃冠人
發 行 人	楊愛民
出 版 者	萬卷樓圖書股份有限公司
	地址：臺北市羅斯福路二段 41 號 6 樓之 3
	電話：(02)23216565‧23952992
	傳真：(02)23944113
	劃撥帳號：15624015 萬卷樓圖書股份有限公司
	網址：http://www.wanjuan.com.tw
	E-mail：wanjuan@tpts5.seed.net.tw
出版登記證	新聞局局版臺業字第 5655 號
總 經 銷	紅螞蟻圖書有限公司
	地址：臺北市內湖區舊宗路二段 121 巷 28 號 4F
	電話：(02)27953656(代表號)
	傳真：(02)27954100
	E-mail：red0511@ms51.hinet.net
承 印 廠 商	晟齊實業有限公司
定 價	600 元
出 版 日 期	民國 92 年 5 月初版

ISBN 957－739－439－6